JOST NICKEL
FILL BOOK

67 MP3 FILLS AND 20 VIDEOS ONLINE
CD INSIDE

Switch & Path Orchestration
Moving Around the Kit
Clockwise & Counterclockwise
Step-Hit-HiHat
Hand & Foot-Roll
Cymbal Choke
Stick-Shot
Flam-Fills
Blushda
Diddle Kick

Alfred

Dank

Mein besonderer Dank geht an:

Harald Wester für die wertvollen Tipps.

Sonor Drums: Thomas Barth und Karl-Heinz Menzel

Meinl Cymbals & Percussion: Norbert Saemann, Chris Brewer und Stephan Hänisch

Vic Firth Sticks: Joe Testa und Frank Rohe (M&T)

Remo Drumheads: Chris Hart, Gary Mann und Nico Nevermann (Gewa)

Ahead Armor Cases: Curt Doernberg (Musik Wein)

Beyerdynamic Microphones: Bernd Neubauer

Ich widme dieses Buch meiner Frau Mareike und meinen Töchtern Alma und Mathilde.

www.jostnickel.com

© 2016 by Alfred Music Publishing GmbH
info@alfredverlag.de
alfredverlag.de | alfredmusic.de

All Rights Reserved
Printed in Germany

Covergestaltung: Gerhard Kühne
Notensatz: Jost Nickel
Lektorat: Thomas Petzold
Gesamtleitung: Thomas Petzold
Art.-Nr.: 20256G (Buch & CD)
ISBN 10: 3-943638-94-4
ISBN 13: 978-3-943638-94-3

Hinweis:
Der beiliegende Tonträger ist eine CD im MP3-Format. Das bedeutet, dass sich die MP3-Dateien NUR auf MP3-kompatiblen Abspielgeräten wie Computer • iPod • iPad • MP3-Player u.ä. abspielen lassen, NICHT aber auf herkömmlichen Audio CD-Playern!
Unsachgemäße Handhabung kann den Defekt eines nicht kompatiblen Abspielgerätes zur Folge haben! Eine Haftung des Herstellers ist ausgeschlossen!

CD Recording: Jost Nickel
Mix: Jost Nickel
Fotonachweis:
Umschlagfotos: Gerhard Kühne
S. 3 © Inga Seevers
S. 11, 16 und 46 © Marco Hammer
S. 35 © Mario Schmitt
S. 11 und 44 © Elle Jaye
S. 17–20, 43, 102 und 113 by Jost Nickel
S. 23 und 141 © Drumeo
S. 60 © Arnd Geise
S. 142 © Mareike Nickel
S. 142 © Ingo Baron

Vorwort

Ich weiß noch genau, wie ich 10 Minuten vor meiner Audition bei **Jan Delay & Disko No.1** vor dem Proberaum im Auto saß und mich noch einmal kurz gesammelt habe. Es war mir klar, dass es nur darum gehen würde, wie die Songs mit mir an den Drums grooven. Ich habe mich ganz auf das richtige Tempo, den Groove und das Zusammenspiel mit der Band fokussiert und mich bewusst dafür entschieden, nur einfache Fills zu spielen.

Warum nur einfache Fills? Ganz einfach: Ich wollte den Eindruck vermeiden, dass ich unter Profilneurose leide und deshalb der Musik durch zu viele oder schlichtweg deplatzierte Fills schade.

Nachdem sich Jan für mich entschieden hatte, habe ich angefangen, etwas tiefer in die Fill-Trickkiste zu greifen. Zum einen wird die Musik für mich dadurch spannender und zum anderen macht mir das einfach Riesenspaß.

Spaß ist das Stichwort: Ich beschäftige mich einfach gerne mit dem Instrument und dabei auch äußerst gerne mit Fills.

Ob ich diese Fills später in Bands spiele, hängt ganz von der Musik und den Umständen ab. Wenn ich beim Üben eine bestimmte Idee für ein Fill (oder einen Groove) mag, bewerte ich die Idee nicht danach, ob sie anwendbar ist (oder scheint), sondern nur danach, ob ich mich gerne damit beschäftige.

Dieses Buch über Fills soll Spaß machen und dazu beitragen, dass du die theoretischen Grundlagen der jeweiligen Fills verstehst und so in die Lage kommst, dir eigene Fills auszudenken. Ich halte alle rhythmischen Konzepte (*Kapitel 1 bis 6*) in diesem Buch für absolut gängig und wichtig, weil sie universell einsetzbar sind. Einige der Orchestrierungsideen im hinteren Teil des Buches (*Kapitel 7 bis 12*) sind durchaus speziell. Hier zeige ich Ideen, die ich persönlich gerne in Fills und Solos einsetze.

Wie mit allen Dingen, die du am Schlagzeug lernst, entscheidet dein Geschmack darüber, wann du was spielst.

Jost Nickel

P.S.: Die **Online-Videobeispiele** findest du auf meiner Website: **www.jostnickel.com**.

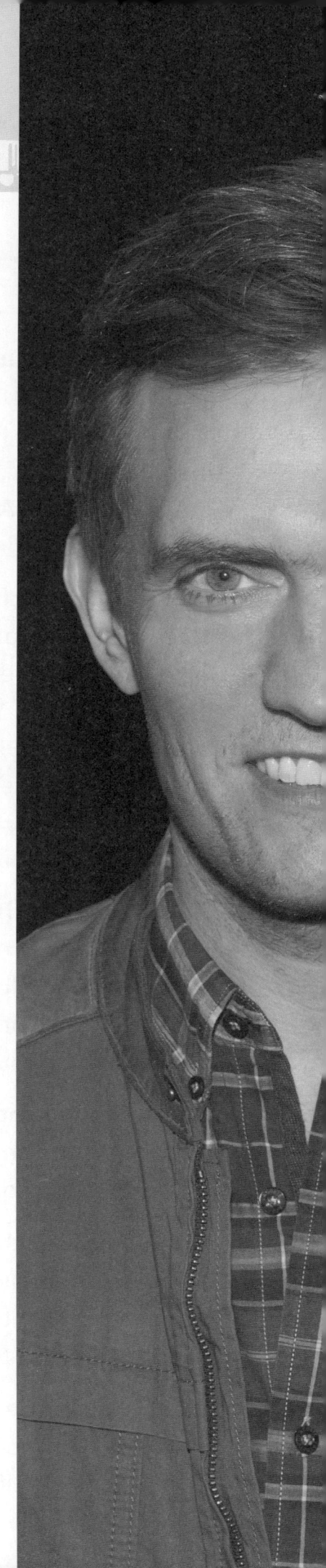

Inhalt

Vorwort 3

Inhalt 4

Vorbemerkungen: Zur Arbeit mit diesem Buch 6
   Subdivision der Fills und Subdivision der zugrundeliegenden Rhythmik 6
   Zugrundeliegende Rhythmik mithören 6
   Üben? Üben! 7
   Die Vorteile dieser Art zu üben 10
   Drumset-Notation in diesem Buch 10

Kapitel 1: Switch Orchestration, Path Orchestration, Diddle Kick und mehr 12
   Switch Orchestration 13
   Snare & Toms Orchestration 15
   Path Orchestration 1 17
   Path Orchestration 2 19
   Dynamik 1: Akzente 21
   Diddle Kick 24
   Dynamik 2: Dynamikstufen 26

Kapitel 2: Fills in Sechzehntelnoten 30
   Fills in Sechzehntelnoten 1 (4er- & 2er-Gruppen) 30
   Fills in Sechzehntelnoten 2 (4er- & 2er-Gruppen verschoben) 37
   Fills in Sechzehntelnoten 3 (4er- & 3er-Gruppen) 39
   Fills in Sechzehntelnoten 4 (4er- & 1er-Gruppen) 45

Kapitel 3: Fills in Achteltriolen 47
   Fills in Achteltriolen 1 (2er- & 3er-Gruppen) 47
   Fills in Achteltriolen 2 (4er- & 3er-Gruppen) 54

Kapitel 4: Fills in Sechzehnteltriolen 61
   Fills in Sechzehnteltriolen 1 (6er- & 3er-Gruppen) 61
   Fills in Sechzehnteltriolen 2 (9er-Gruppen) 69
   Fills in Sechzehnteltriolen 3 (4er– & 6er–Gruppen) 71

Kapitel 5: Fills in Zweiunddreißigstelnoten 79
   Fills in Zweiunddreißigstelnoten 1 (8er- & 4er-Gruppen) 79
   Fills in Zweiunddreißigstelnoten 2 (6er- & 4er-Gruppen) 85

Inhalt

Kapitel 6: Fills in 3er-, 5er- & 7er-Gruppen 91
   Kombinationen aus 3er- & 5er-Gruppen 93
   Kombinationen aus 3er- & 7er-Gruppen 93
   Kombinationen aus 5er- & 7er-Gruppen 94
   Fills in 3er-, 5er- & 7er-Gruppen Orchestrierung 2 96
   Fills in 3er-, 5er- & 7er-Gruppen in Achteltriolen 98

Kapitel 7: Moving Around the Kit 99
   Moving Around the Kit 1 99
   Moving Around the Kit 2 102
   Moving Around the Kit 3 104

Kapitel 8: Step–Hit–HiHat 105

Kapitel 9: Hand & Foot-Roll 108
   Hand & Foot-Roll: Kombinationsfills in Sechzehnteltriolen 110
   Hand & Foot-Roll: Kombinationsfills in Zweiunddreißigstelnoten 111

Kapitel 10: Cymbal Choke Fills 113
   Cymbal Choke plus Hand & Foot-Roll 117

Kapitel 11: Stick-Shot 119
   Stick-Shot 1 119
   Stick-Shot 2 120
   Stick-Shot 3 121

Kapitel 12: Flam-Fills 122
   Flam-Fills 1 122
   Flam-Fills 2 (Blushda) 125
   Flam-Fills 3 (Blushda als 4er-Gruppe) 127
   Flam-Fills 4 (3er-, 5er- & 7er-Gruppen) 129

Anhang: Snareübungen 131
   Snareübungen mit 4er- & 2er-Gruppen in Sechzehntelnoten 131
   Snareübungen mit 4er- & 3er-Gruppen in Sechzehntelnoten 132
   Snareübungen mit 4er- & 3er-Gruppen in Achteltriolen 134
   Snareübungen mit 6er- & 3er-Gruppen in Sechzehnteltriolen 135
   Snareübungen mit 6er- & 4er-Gruppen in Sechzehnteltriolen 137
   Snareübungen mit 8er- & 4er-Gruppen in Zweiunddreißigstelnoten 138
   Snareübungen mit 6er- & 4er-Gruppen in Zweiunddreißigstelnoten 139

Beilage Lesetexte

Vorbemerkungen

Zur Arbeit mit diesem Buch

Subdivision der Fills und Subdivision der zugrundeliegenden Rhythmik

Bei Fills ist es entscheidend, welche *Subdivision* (Unterteilung) du spielen möchtest. Dies hängt natürlich in hohem Maße vom Tempo ab: In Tempo 60 ist es leichter, Fills in Zweiunddreißigstel-Noten zu spielen als in Tempo 120.

Oder: Wenn du in Tempo 120 ein sehr schnelles Fill spielen möchtest, wählst du als Subdivision wahrscheinlich Sechzehnteltriolen. Bei dem dringenden Bedürfnis, in Tempo 80 ein sehr schnelles Fill zu spielen, wählst du als Subdivision eher Zweiunddreißigstelnoten.

Wie anspruchsvoll ein Fill ist, hängt aber nicht nur von der Subdivision ab. Ganz wesentlich wird die Schwierigkeit von Fills von der zugrundeliegenden Rhythmik bestimmt. Du kannst also dein Fill in Sechzehntelnoten (oder jeder anderen Subdivision) mit einer einfacheren oder einer schwierigeren zugrundeliegenden Rhythmik spielen. Je einfacher die zugrundeliegende Rhythmik, desto einfacher ist es, den Überblick beim Spielen dieser Fills zu behalten, was absolut und immer unverzichtbar ist. Gerade bei Fills in Sechzehnteltriolen und Zweiunddreißigstelnoten ist die zugrundeliegende Rhythmik oft sehr viel einfacher (oft in Achtelnoten) als das Tempo des Fills vermuten lässt.

Zugrundeliegende Rhythmik mithören

Die zugrundeliegende Rhythmik solltest du beim Fill immer mithören. Sie wird – soweit nötig – bei den Notenbeispielen in diesem Buch immer unterhalb des eigentlichen Fills stehen und dient deiner Orientierung.

Hier zwei Möglichkeiten, wie du dir die Rhythmik anhand von *Beispiel 1* aus *Kapitel 1* (vgl. Seite 12) klarmachen kannst. Bei diesem Fill ist sowohl die Subdivision des Fills als auch die Subdivision der zugrundeliegenden Rhythmik in Sechzehntelnoten.

Zuerst hier *Beispiel 1* aus *Kapitel 1* mit der zugrundeliegenden Rhythmik in *Zeile 2*:

Beispiel 1 (3er-Gruppe über einen Takt mit der zugrundeliegenden Rhythmik in Zeile 2)

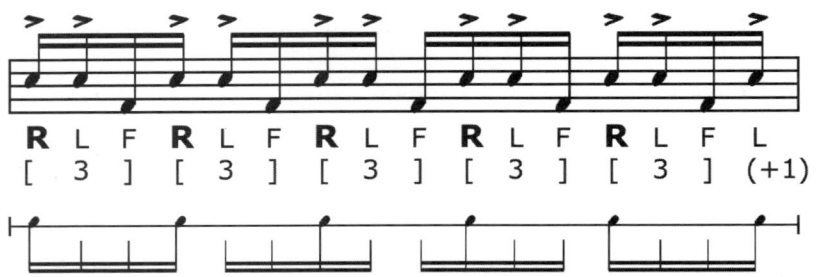

R = rechte Hand
L = linke Hand
F = Fuß

Und so machst du dir die zugrundeliegende Rhythmik am besten klar:

1. Du spielst in *Takt 1* das Fill und in *Takt 2* die Rhythmik auf der Snare. Dazu spielst du Sechzehntelnoten mit Singles und betonst die Rhythmik. Gleichzeitig kannst du mit der getretenen HiHat den Viertel-Puls spielen, um das Verständnis weiter zu erhöhen.

Vorbemerkungen | Zur Arbeit mit diesem Buch

Beispiel 1.1 (Rhythmik auf der Snare)

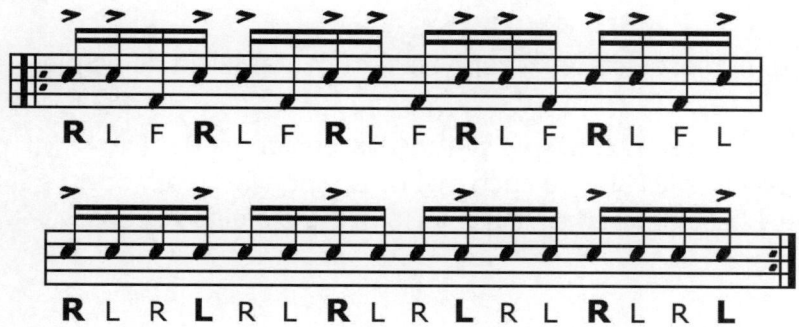

2. Du spielst in *Takt 1* das Fill und in *Takt 2* einen Groove mit der zugrundeliegenden Rhythmik als Bass Drum-Figur:

Beispiel 1.2 (Groove mit Rhythmik auf der Bass Drum)

Üben? Üben!

Aus meiner Sicht gibt es speziell beim Üben von Fills drei verschiedene Phasen:

Phase 1: „Kennenlern-Phase"

Du befasst dich mit etwas ganz Neuem: Jetzt geht es zuerst darum, die Hände (und Füße) zu sortieren, einen Bewegungsablauf kennenzulernen. Diese Phase ist relativ kurz. Nach einer Weile musst du nicht mehr überlegen, wann welche Hand welches Instrument spielt.

Tipp:

Nimm dir pro Übeeinheit *5 bis 10 Minuten* Zeit zum Kennenlernen. Du kannst dich mit dem Bewegungsablauf eines Fills vertraut machen, indem du es ohne ein bestimmtes Tempo mehrmals hintereinander spielst. Dabei kann es hilfreich sein, beim Spielen schneller und wieder langsamer zu werden.

Phase 2: „Ausdauer-Phase"

Das neue Fill ist dir jetzt vertraut. Sticking und Orchestrierung sind klar.

Jetzt geht es darum, das Fill flüssig zu spielen, immer den Überblick über den Puls zu behalten, immer in einem konkreten Tempo zu spielen, das Fill im Wechsel mit einem Groove zu spielen, auf einen guten Sound zu achten und das Tempo zu erhöhen. Diese Phase dauert am längsten.

Hier ist es sehr hilfreich, eine konkrete Vorstellung davon zu haben, wie lange du pro Tag an der jeweiligen Übung arbeiten möchtest. Dazu findest du im Buch Übeanleitungen, auf die ich gleich genauer eingehe.

Phase 3: „Vollendungs-Phase"

Jetzt kannst du das Fill beim Üben gut spielen, bist mit dem Tempo und deinem Sound einverstanden und du weißt immer, wo du bist.

Da das betreffende Fill nun klar ist, geht es in dieser letzten Übephase darum, das Fill in dein Spiel einzubauen.

Dafür nimmst du dir pro Übeeinheit 5 bis 10 Minuten Zeit, spielst ohne Noten, fängst das Fill auf unterschiedlichen Zählzeiten an und spielst die Fill-Idee auch mal über einen längeren oder kürzeren Zeitraum, als du in der Ausdauer-Phase geübt hast. Du spielst im Prinzip eine Art *Groove-Solo* mit nur der einen Fill-Idee.

Übeanleitungen (siehe Phase 2 „Ausdauer-Phase")

An vielen Stellen in diesem Buch findest du Übeanleitungen mit genauen Angaben zum Üben mit dem Metronom. Diese Übeanleitungen sehen folgendermaßen aus:

Übeanleitung	
1. Starttempo:	Viertel = 60
2. Anzahl der Tempi:	3
3. Anzahl Durchgänge pro Tempo:	Jedes Fill 2 mal pro Tempo
4. Form:	2 Takte Groove + 2 Takte Fill
5. Laut zählen:	Viertel und „Klick" | bei Bedarf Sechzehntel
6. Dauer der Übung:	ca. 15 Minuten

Erklärungen:

Zu Punkt 1: Das „**Starttempo**" ist lediglich eine Empfehlung. Wenn du merkst, dass es dir zu langsam oder zu schnell ist, bitte ändern!

Zu Punkt 2: Mit „**Anzahl der Tempi**" ist Folgendes gemeint. Du spielst die Übung in insgesamt drei verschiedenen Tempi. Zusätzlich zum Starttempo von 60 wählst du aus der Tempo-Liste die zwei darüber liegenden Tempi:

Tempo-Liste (bpm)				
60	62	64	66	68
70	73	76	79	
82	85	88		
91	94	97		
100	104	108		
112	116			
120	125			
130	135			
140	145			
150	155			
160	165			
170	175			
180				

Du übst die Übung also in Tempo 60, 62 & 64. Diese drei Tempi notierst du und schreibst zum höchsten Tempo das Datum. Wenn du merkst, dass dir dein Höchsttempo leicht fällt, nimm das nächst schnellere Tempo dazu und schreibe es auf deine Liste. Notiere zum Höchsttempo das Datum und streiche das niedrigste Tempo durch, so dass du die Übung weiterhin (und immer) in *drei* verschiedenen Tempi spielst. Die *drei* Tempi anhand unseres Beispiels sind dann: ~~60~~, 62, 64 & 66.

Vorbemerkungen | Zur Arbeit mit diesem Buch

Zu Punkt 3: Mit „**Anzahl Durchgänge pro Tempo**" wird beschrieben, wie oft du jede Kombination der Lesetexte spielen sollst.

Zu Punkt 4: Du solltest beim Üben immer Fills und Grooves miteinander abwechseln. Denke dabei an die musikalische Form. Damit ist gemeint, dass du in Vierer- bzw Achterblöcken denkst.

Zu Punkt 5 „Laut zählen": Die effektivste Art, die besondere Rhythmik aller Fills in diesem Buch zu verstehen, ist lautes Zählen! Ohne den permanenten Überblick über die Rhythmik im Verhältnis zum Viertel-Puls sind diese Übungen mechanisch und unmusikalisch.

Es ist am Anfang vielleicht mühsam, dafür erlernst du hier eine grundsätzliche Fähigkeit, die dir in vielen verschiedenen Zusammenhängen sehr zunutze sein wird. Mit dem linken Fuß die Viertel auf der HiHat zu treten, ersetzt das laute Zählen leider nicht.

Hier meine Vorgehensweise erklärt anhand von *Beispiel 2* aus *Kapitel 1* (*vgl. Seite 12*):

1. Du zählst alle Sechzehntel laut. Dieser Einstieg soll es dir leichtmachen. Sobald das gut geht, bitte mit 2. weitermachen.

Beispiel 2 (Zählweise: Sechzehntel)

2. Jetzt lässt du die 16tel-Unterteilung weg und zählst nur noch die Viertel laut:
Sobald dies gut geht, bitte mit 3. weitermachen.

Beispiel 2.1 (Zählweise: Viertel)

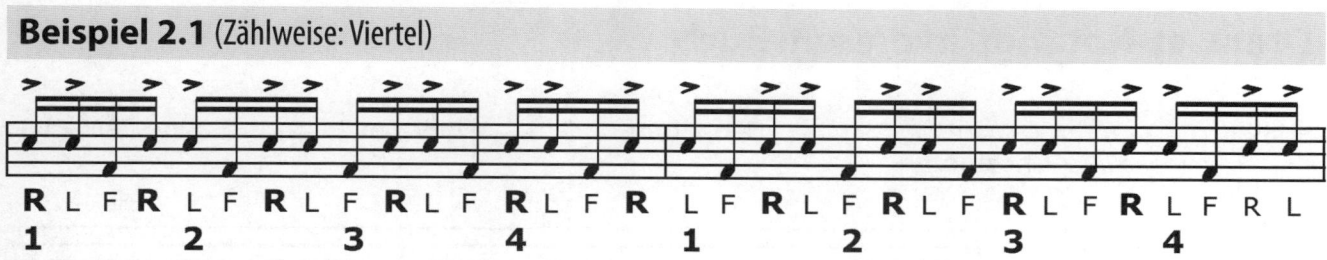

3. Jetzt ersetzt du beim Zählen das Sprechen der Viertel durch einen perkussiven Laut:
Du sagst „Klick" auf jedem Viertel.

Beispiel 2.2 (Zählweise: „Klick")

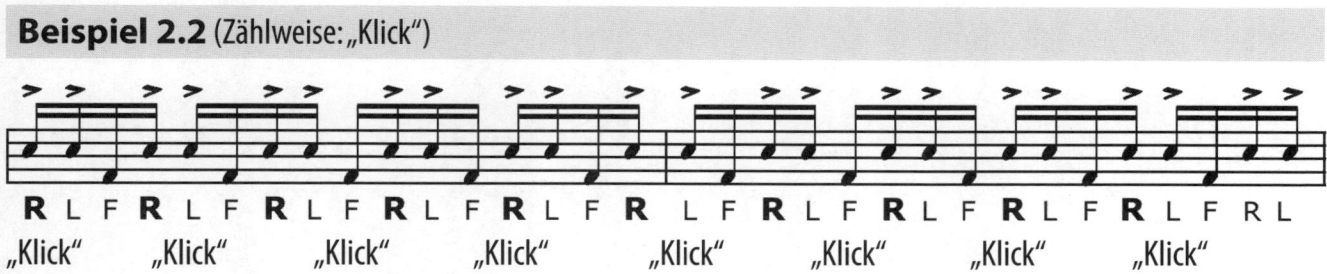

Zweierlei Gründe sprechen dafür, „Klick" zu sagen.

• Du musst beim Zählen genauer sein, da der Laut im Gegensatz zum Sprechen der Zahlen wesentlich perkussiver ist.

• Dadurch dass du die Viertel nicht mehr aussprichst, musst du verinnerlichen, wo jeweils die „1" ist. Und wenn du dies nach einer Weile wirklich verinnerlicht hast, dann hörst bzw. fühlst du einfach, wo im Takt du gerade bist.

Die Vorteile dieser Art zu üben

Die Vorteile dieser Art zu üben sind:

1. Du fängst immer bei einem Tempo an, das dir sehr leicht fällt.

2. Dadurch dass eine klare Struktur feststeht, musst du dich nicht ständig fragen, ob du die Übung lange genug (oder zu lange) geübt hast.

3. Durch das Aufschreiben des Datums kannst du deinen Fortschritt nachvollziehen und weißt zusätzlich, wann du die Übung wieder ganz von deinem Übeplan streichen kannst. Wenn du merkst, dass du dich über einen längeren Zeitraum nicht mehr verbesserst, streich die Übung und nimm eine andere.

Der Schlagzeuger **Kim Plainfield** hat mir Teile dieser sehr systematischen Art, mit einem Metronom zu üben, bei meinem Aufenthalt am *Drummers Collective* in New York gezeigt.

Lesetexte

Die beiliegenden Lesetexte werden im Verlauf des Buches erklärt und zeigen verschiedene Phrasierungsmöglichkeiten, die du später zum Üben benutzen kannst (und solltest).

Zu guter Letzt

Nimm dir für alle Übungen in diesem Buch so viel Zeit, wie du brauchst. Lass es langsam angehen und sei ruhig stolz auf jede Sache, die du dazu lernst. Es geht nie darum, etwas besonders schnell zu lernen.

Lass dich von deinem Spaß und deiner Leidenschaft leiten und sei fleißig und diszipliniert dabei!

Drumset-Notation in diesem Buch

Vorbemerkungen | Zur Arbeit mit diesem Buch

Foto © Marco Hammer

Foto © Elle Jaye

Kapitel 1

Switch Orchestration, Path Orchestration, Diddle Kick und mehr

Am Anfang dieses Buches möchte ich dir verschiedene Möglichkeiten zeigen, wie du Fills durch *Orchestrierung*(*), *Dynamik* und das *Verdoppeln* von einzelnen Schlägen erweitern kannst. Dadurch kannst du einmal gelernte Schlagabfolgen völlig neu klingen lassen, so dass sie kaum als dieselbe Schlagabfolge wahrgenommen werden. Du spielst also viele unterschiedliche Fills, aber eben nicht durch das Ändern der eigentlichen Figur, sondern durch geschicktes Modifizieren.

Ideal zum Kennenlernen dieser grundsätzlichen Ideen ist es, eine einfache Figur zu nehmen. Also tun wir genau dies: Die Schlagabfolge der Fills in diesem Kapitel ist **R L F**. Also sehr überschaubar und schön einfach.

Fill (Ausgangsfigur: R L F)

Die Ausgangsfigur ist drei Sechzehntelnoten lang und heißt deswegen konsequenterweise **3er-Gruppe**. Diese spielst du nun *über einen Takt*.

Beispiel 1 (3er-Gruppe über einen Takt mit der zugrundeliegenden Rhythmik in Zeile 2)

R = rechte Hand
L = linke Hand
F = Fuß

Tipp:

Vergegenwärtige dir die zugrundeliegende Rhythmik von Zeit zu Zeit, wie am Anfang dieses Buches auf *Seite 6ff* beschrieben.

Als Nächstes spielst du die 3er-Gruppe als *zweitaktiges Fill*. Spiele die 3er-Gruppe so lange weiter, bis zwei Takte zu Ende sind.

Beispiel 2 (3er-Gruppe über zwei Takte) — CD 01

(*) *Orchestrierung meint die Verteilung der Schläge auf die einzelnen Instrumente des Schlagzeugs.*

Kapitel 1 | Switch Orchestration, Path Orchestration, Diddle Kick und mehr

Laut (!!) zählen:

In den *Vorbemerkungen* habe ich genau beschrieben, wie ich beim Spielen der Fills immer den Überblick behalte, indem ich mir die besondere Rhythmik klarmache und sie verinnerliche. Auf *Seite 6ff* ist dies beschrieben. **Ganz wichtig! Bitte lesen!**

Nun geht's ans Orchestrieren des Fills. Der Handsatz **R L F** bleibt im gesamten *Kapitel 1* unverändert.

Switch Orchestration

Bei der *Switch Orchestration* kommen lediglich drei Instrumente zum Einsatz:

Du spielst die 3er-Gruppe ausschließlich mit dem Floortom, der HiHat und der Bass Drum.

Grundsätzlich passiert dann Folgendes: Die rechte und linke Hand tauschen die Instrumente [engl.: to switch = tauschen].

Bei der ersten Vorübung spielt die *rechte Hand* (RH) das Floortom und die *linke Hand* (LH) die HiHat. Die Zuordnung bleibt über die gesamten *zwei Takte* unverändert.

Switch Orchestration 1.1 (Vorübung 1 | RH = Floortom | LH = HiHat)

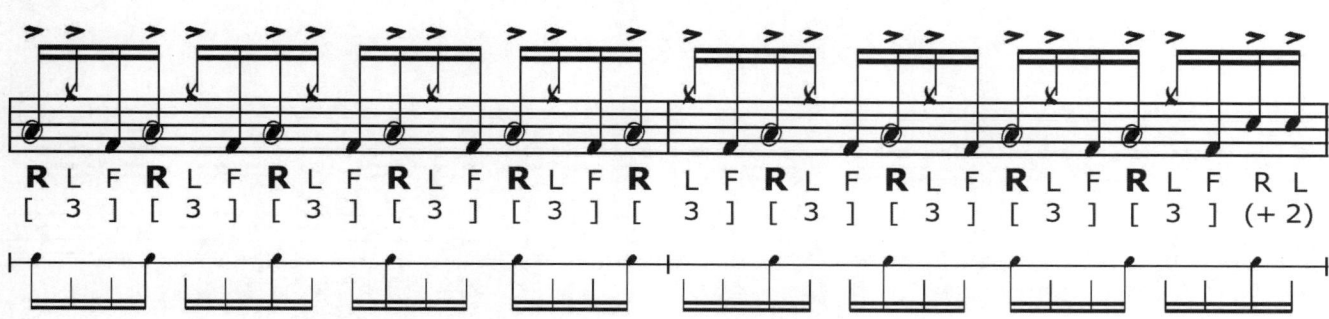

Switch: Nun tauschst du die Hände: Die *rechte Hand* beginnt weiterhin, spielt nun aber die HiHat, während die *linke Hand* das Floortom übernimmt. Dabei überkreuzen sich die Hände, wobei du die rechte Hand über der linken positionierst.

Switch Orchestration 1.2 (Vorübung 2 | RH = HiHat | LH = Floortom)

Übetipp:

Du solltest beim Üben immer Fills und Grooves miteinander abwechseln. Denke dabei an die *musikalische Form*. Damit ist gemeint, dass du in Vierer- bzw. Achterblöcken denkst.

Wenn dein Fill also einen Takt lang ist, spielst du entweder drei Takte Groove plus einen Takt Fill (**3+1**) oder sieben Takte Groove plus einen Takt Fill (**7+1**).

Nehmen wir an, dein Fill ist zwei Takte lang, dann spielst du entweder zwei Takte Groove plus zwei Takte Fill (**2+2**) oder sechs Takte Groove plus zwei Takte Fill (**6+2**).

Nun verbindest du die Vorübungen 1 und 2:

In den ersten beiden Durchgängen der 3er-Gruppe spielt die *rechte Hand* auf dem Floortom (LH = HiHat) gefolgt von zwei Durchgängen *Switch*: RH = HiHat (LH = Floortom).

Nach diesen *vier* Durchgängen beginnst du von vorn (im Notenbild **grau** markiert).

Switch Orchestration 1.3 (2 mal „normal" & 2 mal Switch)

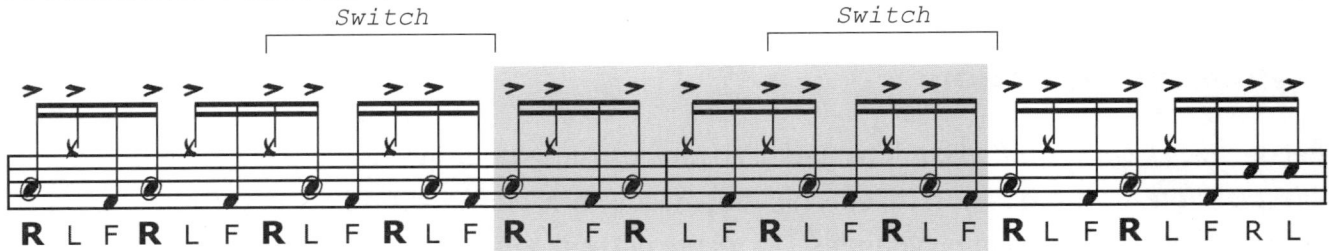

Sehr gut klingt es auch, wenn du *zweimal* die „normale" Variante mit *einmal* Switch abwechselst. Nach diesen *drei* Durchgängen beginnt die Orchestrierung von vorne. Anhand der *Graumarkierung* kannst du dies gut erkennen.

Switch Orchestration 1.4 (2 mal „normal" & 1 mal Switch)

www.jostnickel.com

Eine weitere schöne Variation ist, wenn du *einmal* die normale Version, gefolgt von *zweimal* Switch spielst. Hier wiederholt sich die Orchestrierung ebenfalls nach *drei* Durchgängen.

Switch Orchestration 1.5 (1 mal „normal" & 2 mal Switch)

Am besten funktioniert die Switch-Idee, wenn du dich auf zwei Instrumente beschränkst und dann den Switch mit der „normalen" Spielweise abwechselst.

Die Auswahl der beiden Instrumente, mit denen du den Switch durchführst, wird durch gute Erreichbarkeit bestimmt. Es ist relativ leicht, die Hände zu überkreuzen, wenn man HiHat und Floortom spielt. Du kannst und solltest auch mit anderen Instrumenten (z. B. Hängetom und Floortom) experimentieren, aber immer auf gute Erreichbarkeit achten!

Die *Switch Orchestration* lässt sich natürlich auf andere Fills übertragen. Das Konzept klingt bei den Fills am besten, bei denen die Hände nur Einzelschläge spielen.

Snare & Toms Orchestration

Hier geht es darum, die 3er-Gruppe systematisch auf die Snare und Toms zu verteilen.

Es ergibt durchaus Sinn, sich beim Üben einmal Gedanken über die generellen Möglichkeiten der Verteilung auf Toms und Snare zu machen. Das regt deine Phantasie an und verbessert deine Fähigkeit, dich flink über das Set zu bewegen. Das Ziel ist, dass die Verteilung der Schläge auf die Toms am Ende unbewusst passiert.

Bei unserer 3er-Gruppe gibt es insgesamt vier verschiedene Möglichkeiten, die Hände auf die Trommeln zu verteilen. Über den Akzenten siehst du, wie sich die Schläge auf Toms (T) und die Snare (Sn) verteilen.

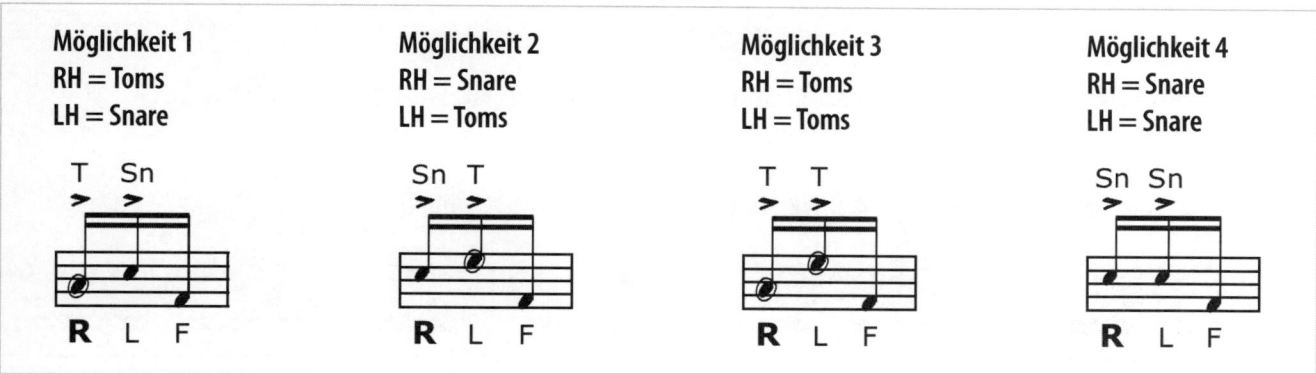

Jetzt kombinierst du diese vier Möglichkeiten in einem *zweitaktigen* Fill, indem du jede Orchestrierung *zweimal* spielst. Nach *acht* Durchgängen der 3er-Gruppe wiederholt sich die Orchestrierung.

Snare & Tom Kombination 1 (Wiederholung nach *acht* Durchgängen)

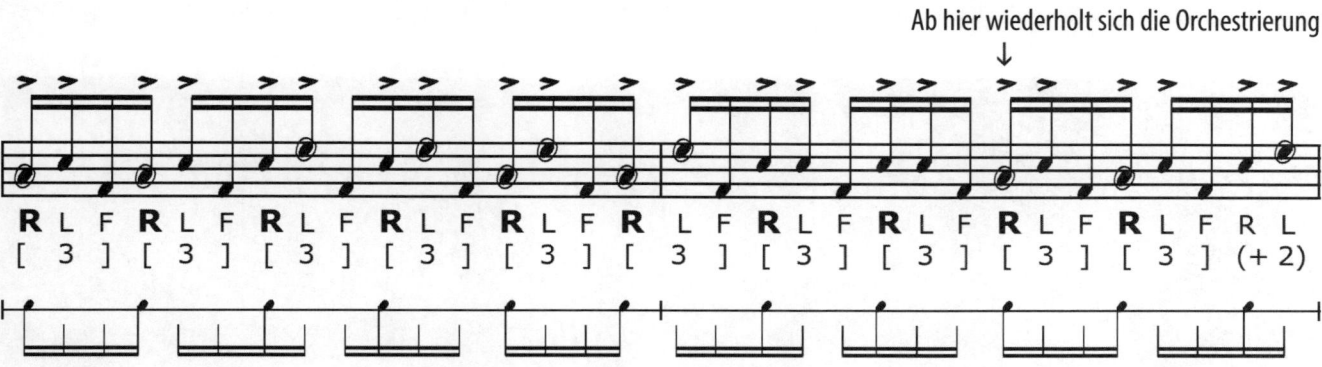

Wesentlich abwechslungsreicher wird es, wenn du die vier Möglichkeiten je *einmal* in einem zweitaktigen Fill hintereinander spielst. Nach *vier* Durchgängen der 3er-Gruppe wiederholt sich die Orchestrierung. Im Notenbild ist der zweite Durchgang grau markiert und über den Akzenten siehst du, wie sich die Schläge auf Toms (T) und die Snare (Sn) verteilen.

Snare & Tom Kombination 2 (Wiederholung nach *vier* Durchgängen)

Du kannst auch Fills spielen, bei denen nicht alle o.g. Möglichkeiten vorkommen. In folgendem Beispiel „fehlt" die Möglichkeit 2 (Snare, Toms, Bass Drum).

Dadurch wiederholt sich die Orchestrierung bereits nach *drei* Durchgängen der 3er-Gruppe.

Snare & Tom Kombination 3 (Wiederholung nach *drei* Durchgängen)

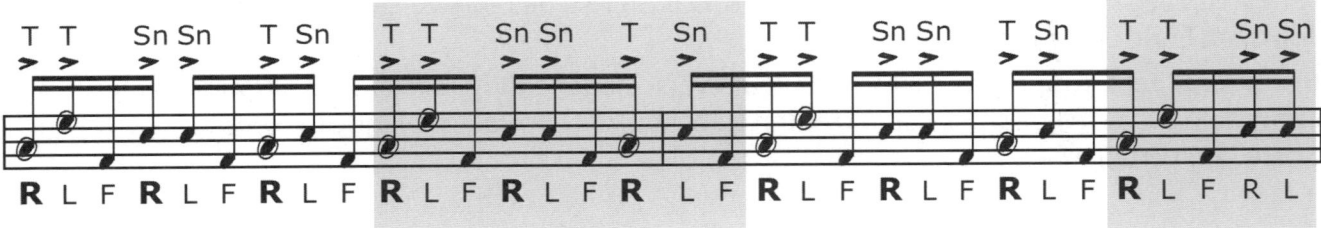

Wenn du eine der Orchestrierungsmöglichkeiten zweimal spielst, wiederholt sich die Orchestrierung erst nach *fünf* Durchgängen der 3er-Gruppe.

Snare & Tom Kombination 4 (Wiederholung nach *fünf* Durchgängen)

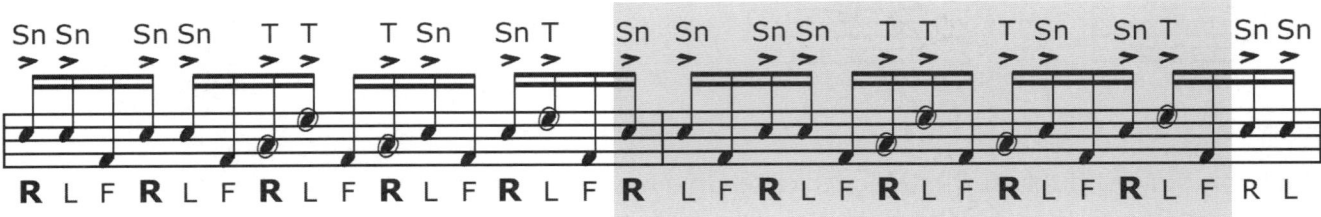

Natürlich kann man die vier Orchestrierungsmöglichkeiten auch anders miteinander kombinieren. Ich mag es gerne, wenn sich die Orchestrierungen wie bei den Snare und Tom Kombinationen 1 – 4 nach einer bestimmten Anzahl von Durchgängen wiederholen, weil die Fills dann automatisch mehr nach einem musikalischen Motiv klingen, als wenn die Orchestrierung rein zufällig wäre.

Foto © Marco Hammer

Kapitel 1 | Switch Orchestration, Path Orchestration, Diddle Kick und mehr

Path Orchestration 1

Die Idee der *Path Orchestration* ist, dass du mit beiden Händen einen vorher festgelegten „Pfad"
auf dem Set gehst, wobei die Hände eine unterschiedliche Anzahl von vorher festgelegten
Instrumenten spielen.

Zum Beispiel:

Die *rechte Hand* spielt einen Loop aus *drei* Instrumenten: Snare, Hängetom und Floortom

Die *linke Hand* spielt einen Loop aus *zwei* Instrumenten: Snare und Hängetom

Durch die unterschiedliche Anzahl an Instrumenten ergeben sich sehr interessante
Orchestrierungen. Die 3er-Gruppe bleibt unverändert. Sie ist weiterhin **R L F**.

Hier zur Verdeutlichung die Orchestrierung der *rechten Hand*. Die linke Hand ist im folgenden
Notenbeispiel „ausgeblendet", damit du besser siehst, was die rechte tut.

Path Orchestration 1.1 (Rechte Hand: Snare, Hängetom & Floortom)

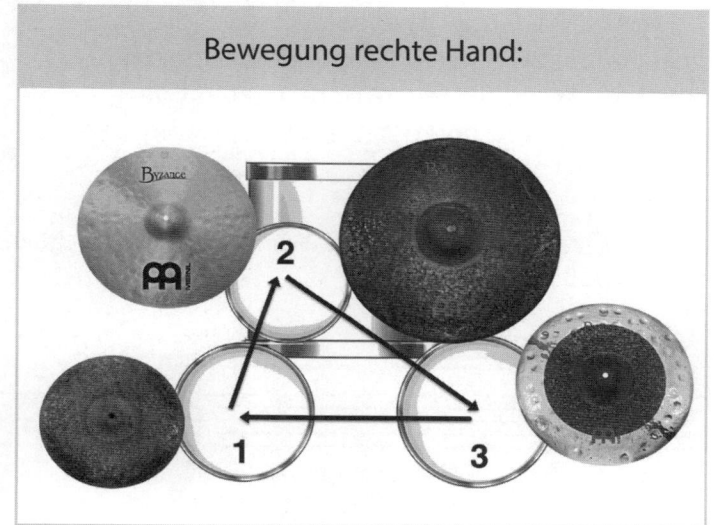

Bewegung rechte Hand:

Dadurch dass die rechte Hand auf *drei* verschiedenen Instrumenten spielt, wiederholt
sich die Orchestrierung nach *drei* Durchgängen der 3er-Gruppe.

Damit du dich an den Pfad der rechten Hand gewöhnst, hier eine Vorübung.

Du spielst die 3er-Gruppe über zwei Takte, wobei die rechte Hand – wie weiter vorne beschrieben
– immer abwechselnd Snare, Hängetom und Floortom spielt, während die linke Hand im Moment
auf der Snare bleibt. Anhand der **Graumarkierung** siehst du, wann die Orchestrierung von vorne
beginnt.

Path Orchestration 1.2 (Vorübung Pfad rechte Hand)

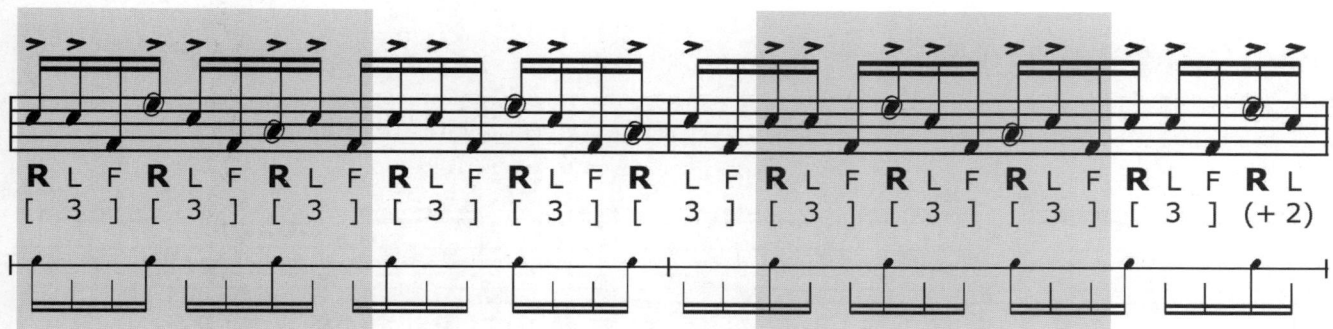

Nun zur Orchestrierung der *linken Hand*. Diese wiederholt sich nach *zwei* Durchgängen, da die linke nur *zwei* verschiedene Instrumente spielt (*Snare und Hängetom*).

Path Orchestration 1.3 (Linke Hand: Snare & Hängetom)

Damit du dich an den Pfad der linken Hand gewöhnst, hier ebenfalls eine Vorübung.

Du spielst **R L F** über zwei Takte, wobei die *linke Hand* abwechselnd Snare und Hängetom spielt, während die *rechte Hand* jetzt auf der Snare bleibt. Anhand der **Graumarkierung** siehst du, wann die Orchestrierung von vorne beginnt.

Path Orchestration 1.4 (Vorübung Pfad linke Hand)

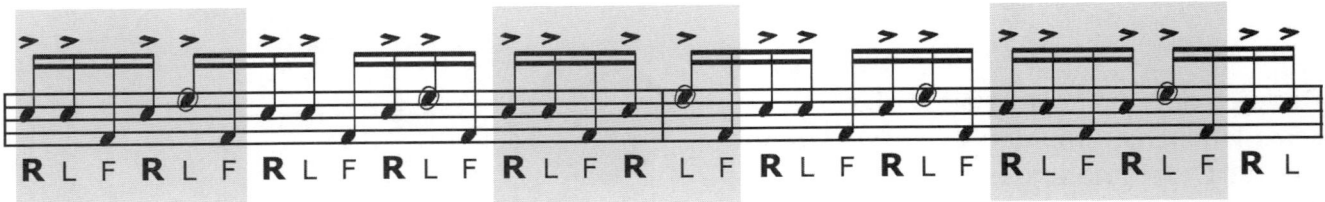

Nun fügen wir beides zu einem *zweitaktigen Fill* zusammen. Versuche das Fill auswendig zu spielen. Präge dir die verschiedenen Pfade ein, die die Hände auf dem Set gehen, und spiele dann die 3er-Gruppe.

Hier die *Wegbeschreibung*: Beide Hände starten auf der Snare, gehen dann gemeinsam zum Hängetom und jetzt trennen sich ihre Wege. Die rechte Hand geht zum Floortom und die linke zurück zur Snare. Wenn die rechte dann auf der Snare ist, ist die linke schon zurück auf dem Hängetom usw.

Die Orchestrierung wiederholt sich, nachdem du die 3er-Gruppe sechsmal gespielt hast.

Trotzdem hier natürlich der Vollständigkeit halber das Fill in Noten:

Path Orchestration 1.5

www.jostnickel.com

Ab hier wiederholt sich die Orchestrierung ↓

Kapitel 1 | Switch Orchestration, Path Orchestration, Diddle Kick und mehr

Path Orchestration 2

Als Nächstes verlängern wir die *Path Orchestration*. Die *rechte Hand* spielt nun einen Pfad über *vier* Instrumente: Snare, Floortom, Ride-Becken und Hängetom.

Die *linke Hand* spielt auf ihrem Pfad *drei* Instrumente: Snare, HiHat und Hängetom.

Hier zur Verdeutlichung die Orchestrierung der *rechten Hand*. Die *linke Hand* ist im folgenden Notenbeispiel „ausgeblendet", damit du besser siehst, was die rechte tut.

Path Orchestration 2.1 (Rechte Hand: Snare, Floortom, Ride-Becken & Hängetom)

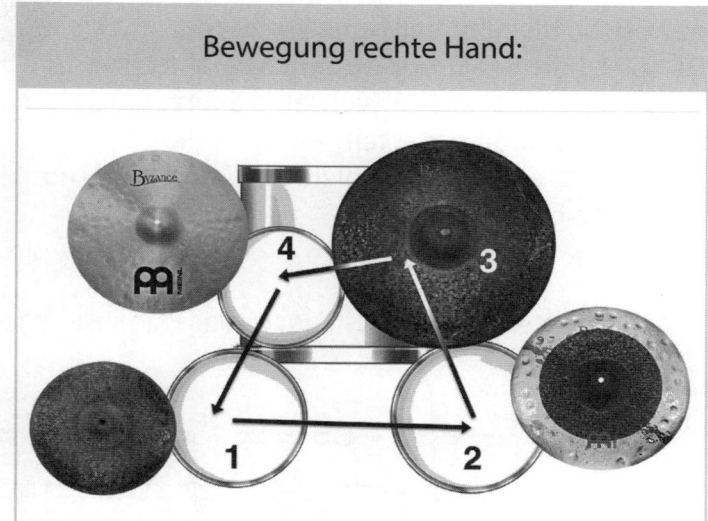

Dadurch dass die rechte Hand auf *vier* verschiedenen Instrumenten spielt, wiederholt sich die Orchestrierung nach *vier* Durchgängen der 3er-Gruppe.

Damit du dich an den Pfad der rechten Hand gewöhnst, hier eine Vorübung.

Du spielst **R L F** über zwei Takte, wobei die *rechte Hand* – wie weiter vorne beschrieben – immer abwechselnd Snare, Floortom, Ride-Becken und Hängetom spielt, während die *linke Hand* auf der Snare bleibt. Anhand der **Graumarkierung** siehst du, wann die Orchestrierung von vorne beginnt.

Path Orchestration 2.2

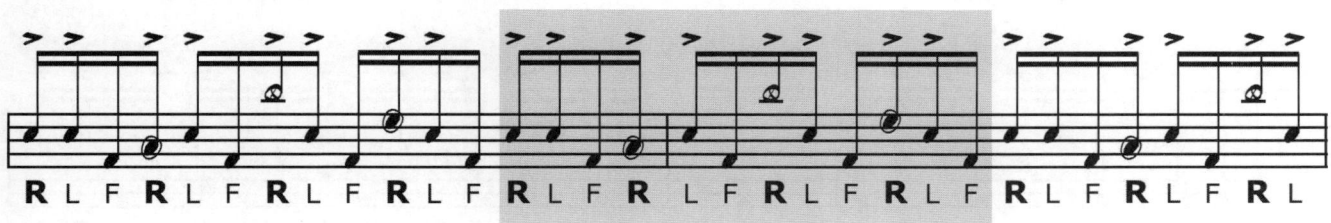

Nun zur Orchestrierung der *linken Hand*. Diese wiederholt sich nach *drei* Durchgängen, da die linke nur *drei* verschiedene Instrumente spielt (Snare, HiHat und Hängetom).

Path Orchestration 2.3 (Linke Hand: Snare, HiHat & Hängetom)

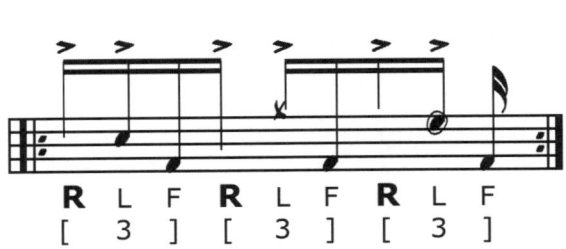

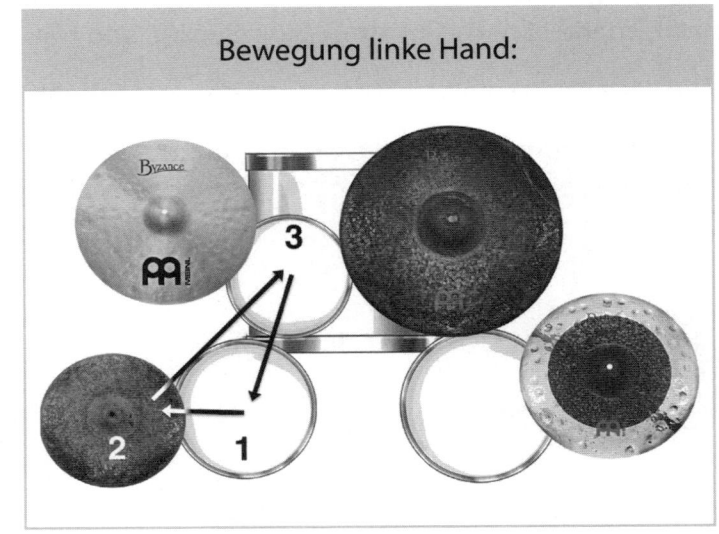

Damit du dich an den Pfad der linken Hand gewöhnst, hier ebenfalls eine Vorübung. Du spielst die 3er-Gruppe über zwei Takte, wobei die *linke Hand* abwechselnd Snare, HiHat und Hängetom spielt, während die *rechte Hand* auf der Snare bleibt. Anhand der **Graumarkierung** siehst du, wann die Orchestrierung von vorne beginnt.

Path Orchestration 2.4 (Vorübung Pfad linke Hand)

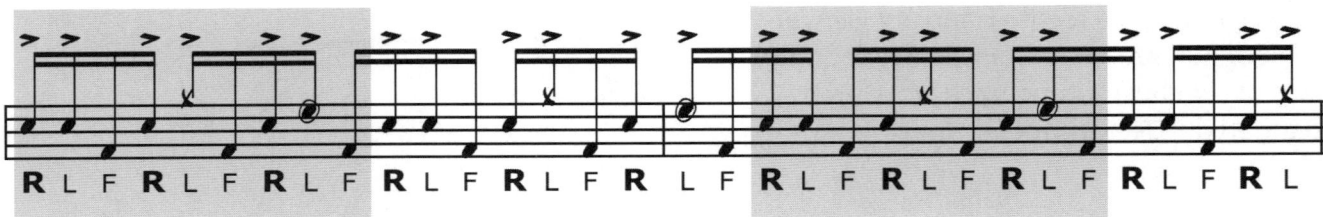

Nun fügen wir beides zu einem *zweitaktigen Fill* zusammen. Wieder gilt: Versuche das Fill auswendig zu spielen. Präge dir die verschiedenen Pfade ein, die die Hände auf dem Set gehen, und spiele dann **R L F**.

Die Orchestrierung wiederholt sich theoretisch, nachdem du zwölf mal **R L F** gespielt hast. Allerdings kommt es innerhalb eines zweitaktigen Fills nicht dazu.

Trotzdem hier natürlich der Vollständigkeit halber das ausnotierte Fill:

Path Orchestration 2.5

www.jostnickel.com

Die *Path Orchestration* lässt sich natürlich auf andere Fills übertragen. Das Konzept klingt bei den Fills am besten, bei denen die Hände ausschließlich Einzelschläge spielen.

Kapitel 1 | Switch Orchestration, Path Orchestration, Diddle Kick und mehr

Dynamik 1: Akzente

Allein durch das Hinzufügen bzw. das Weglassen von Akzenten (Wikipedia: *„abrupte Veränderungen der Lautstärke"*) kann man das schöne Fill **R L F** sehr unterschiedlich und gut (!) klingen lassen. Bei den folgenden Fills spielen beide Hände auf der Snare. Die Fills unterscheiden sich lediglich durch die Akzentuierung.

Bei allen vorangegangenen Fills in diesem Kapitel waren sowohl die rechte als auch die linke Hand akzentuiert. Jetzt akzentuierst du nur den jeweils ersten Schlag, während du den zweiten Schlag leise spielst. Der Bass Drum-Schlag am Ende sollte etwa so laut wie der Akzent in der Figur sein.

Akzente 01 (Ausgangsfigur – 1. Schlag = rechte Hand akzentuiert)

Mit dieser Akzentuierung spielst du die 3er-Gruppe nun über *zwei Takte*.

Akzente 02 (1. Schlag = rechte Hand akzentuiert)

Als Nächstes akzentuierst du nur den *zweiten Schlag* und spielst den ersten Schlag leise.

Akzente 03 (2. Schlag = linke Hand akzentuiert)

Auch diese Akzentuierung spielst du nun über *zwei Takte*.

Akzente 04 (2. Schlag = linke Hand akzentuiert)

Es gibt also diese beiden Möglichkeiten, nur einen Schlag der Figur zu akzentuieren.

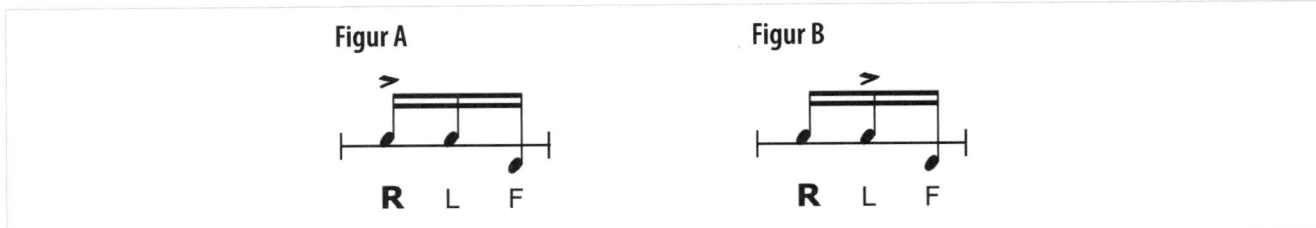

Wenn du die **Figuren A und B** miteinander kombinierst, entstehen sehr interessante Akzentuierungen. Im folgenden Fill spielst du die Figuren A und B immer *abwechselnd*.

Akzentkombination 1 (A und B abwechselnd)

Jetzt spielst du *zweimal* Figur A gefolgt von *zweimal* Figur B.

Akzentkombination 2 (2 mal A & 2 mal B)

Besonders schön klingt es, wenn du nur eine der beiden Figuren zweimal spielst.
Die folgende Kombination besteht aus *zweimal* Figur A gefolgt von *einmal* Figur B.

Akzentkombination 3 (2 mal A & 1 mal B)

CD 03

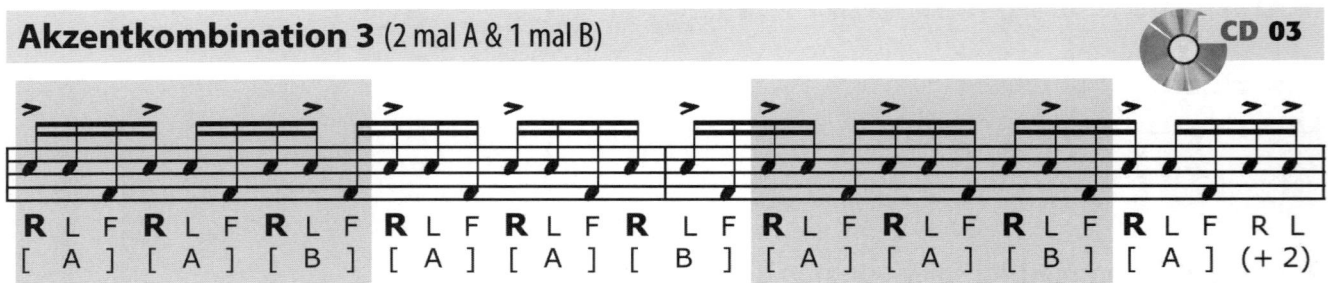

Und nun *einmal* Figur A gefolgt von *zweimal* Figur B.

Akzentkombination 4 (1 mal A & 2 mal B)

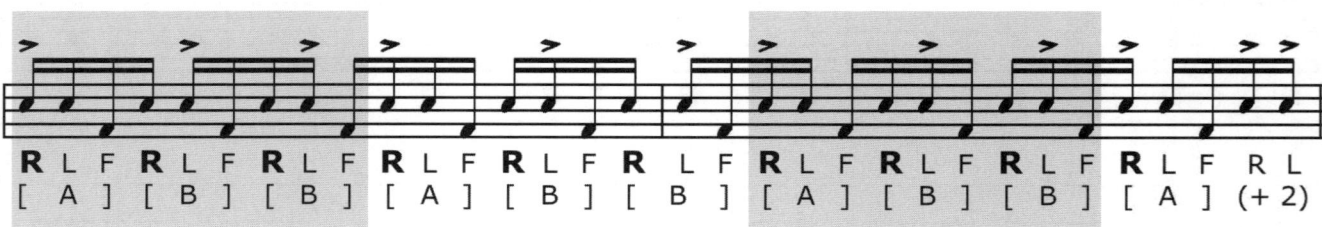

Übetipp:

Grundsätzlich ist das Spielen von ganz konkreten, vorher festgelegten Akzentuierungen nur ein Zwischenschritt. Um am Ende frei mit den Akzentuierungen umgehen zu können, improvisierst du beim Üben mit den verschiedenen Akzentuierungen über einen oder zwei Takte.

Es geht hier um eine Improvisation in einem sehr engen Rahmen. Die Figur (**R L F**) und die Orchestrierung (Snare und Bass Drum) sind festgelegt. Du änderst in deiner Improvisation ausschließlich die Akzente.

Foto © Drumeo

Diddle Kick

Diddle bedeutet Doppelschlag. Mit *Diddle Kick* ist also ein Doppelschlag in der Bass Drum gemeint. *Diddle Kick* klingt (fast) immer gut, wenn eine Figur im Original nur einen einzelnen Bass Drum-Schlag enthält. Bei unserer 3er-Gruppe ist dies der Fall. Du spielst ab jetzt anstelle einer Sechzehntelnote zwei Zweiunddreißigstelnoten in der Bass Drum. Die Hände bleiben unverändert.

Hier also die alt bekannte 3er-Gruppe mit der Diddle Kick über *zwei Takte*. Beide Hände bleiben auf der Snare.

Diddle Kick 1 (*alle* Bass Drum-Schläge werden verdoppelt)   www.jostnickel.com

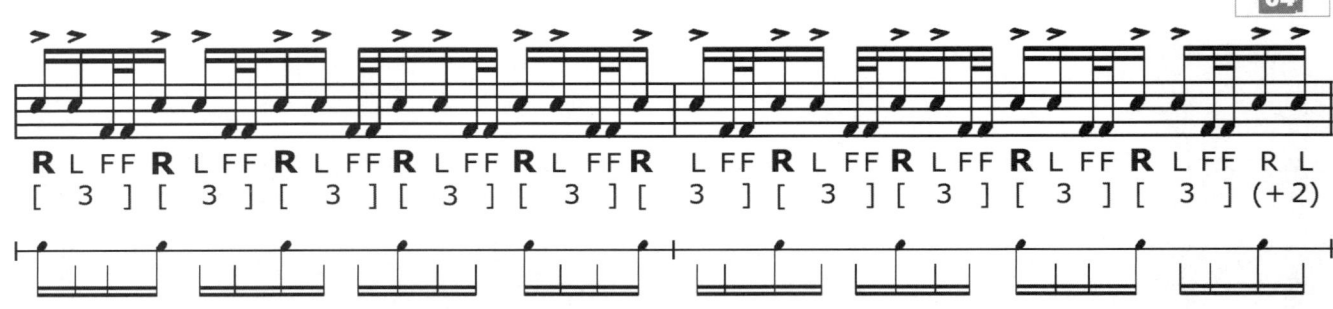

Übetipp:

Falls du ein Doppelpedal besitzt, kannst du die beiden Bass Drum-Schläge auf deine Füße verteilen. Ich spiele dabei den ersten Schlag mit dem *rechten* Fuß und den zweiten mit dem *linken*.

Allerdings spiele ich beide Schläge fast immer mit dem *rechten* Fuß (und würde das auch den Doppelpedalspielern empfehlen). Um beide Doppelschläge mit einem Fuß schnell spielen zu können, rutsche ich mit dem rechten Fuß über das Pedal. Die Rutschbewegung geht dabei in Richtung des Bass Drum-Fells. Im *Video* kannst du das gut sehen.

Wie immer ist weniger oft mehr. Jetzt wird jeder zweite Bass Drum-Schlag *verdoppelt*. Die dadurch entstehende Figur wiederholt sich nach *zwei Durchgängen* der 3er-Gruppe (*siehe* **Graumarkierung**).

Diddle Kick 2 (jeder *zweite* Bass Drum-Schlag wird verdoppelt)

Manchmal ist noch weniger sogar noch mehr. Jetzt wird nur noch jeder *dritte* Bass Drum-Schlag verdoppelt. Die dadurch entstehende Figur wiederholt sich nach *drei Durchgängen* der 3er-Gruppe (*siehe* **Graumarkierung**).

Diddle Kick 3 (jeder *dritte* Bass Drum-Schlag wird verdoppelt)

Kapitel 1 | Switch Orchestration, Path Orchestration, Diddle Kick und mehr

Diddle Kick mit Switch Orchestration

Als Nächstes verbinden wir die *Diddle Kick* mit der *Switch Orchestration*. Du spielst Beispiel *Switch Orchestration 1.4* (siehe Seite 14) und verdoppelst *alle* Bass Drum-Schläge.

Zur Erinnerung: Beim Beispiel *Switch Orchestration 1.4* spielst du zweimal die „normale" Variante gefolgt von einmal Switch. Die dadurch entstehende Figur wiederholt sich nach *drei* Durchgängen der 3er-Gruppe (*siehe* Graumarkierung).

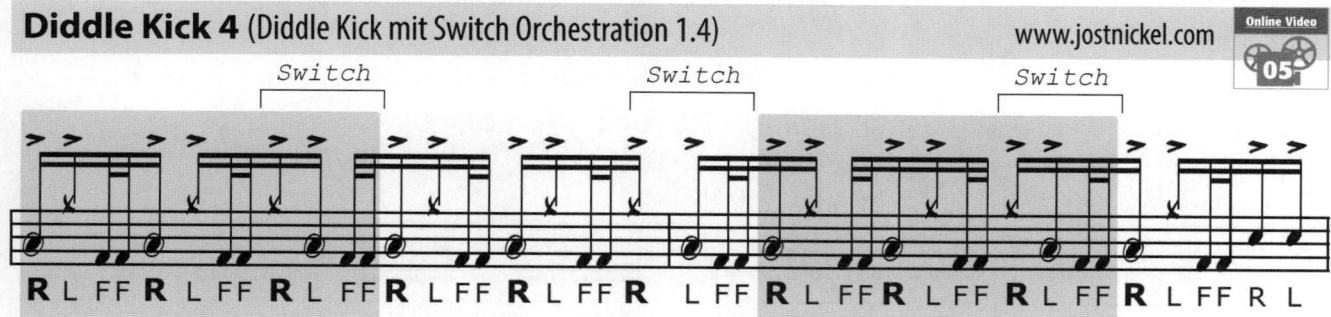

Diddle Kick mit Path Orchestration

Auch die *Path Orchestration* eignet sich perfekt für das Verdoppeln von Bass Drum-Schlägen. Du spielst Beispiel *Path Orchestration 1.5* (*siehe Seite 18*) und verdoppelst alle Bass Drum-Schläge.

Zur Erinnerung: Bei *Path Orchestration 1.5* spielen beide Hände sich wiederholende Pfade: Die *rechte Hand* spielt einen Pfad über drei Instrumente (Snare, Hängetom und Floortom), während die *linke Hand* einen Pfad über zwei Instrumente spielt (Snare und Hängetom).

Die Orchestrierung wiederholt sich, nachdem du die 3er-Gruppe *sechsmal* gespielt hast.

Dynamik 2: Dynamikstufen

Im letzten Teil dieses Kapitels geht es um den abrupten Übergang zwischen zwei extrem unterschiedlichen Dynamikstufen. Dies soll zu Übungszwecken übertrieben werden, z. B. sehr leise und sehr laut.

Die Kontrolle über die verschiedenen Dynamikstufen wird immens zur Vielseitigkeit deines Spiels beitragen. Deine Fills (und Grooves) werden interessanter bzw. musikalischer klingen.

Im Notenbild sind die leise zu spielenden Teile des Fills klein und die laut zu spielenden Teile groß dargestellt.

Bei allen Dynamiksprüngen ist es wichtig, dass du die Lautstärke deiner Bass Drum anpasst!

Zuerst spielst du das 3er-Gruppen-Fill in Takt 1 *leise* und in Takt 2 *laut*.

Dynamikstufen 1.1 (Takt 1: leise – Takt 2: laut)

Der Übergang zwischen den beiden Dynamikstufen teilt die 3er-Gruppe an der Taktgrenze auf: Die *rechte Hand* auf dem letzten Sechzehntel des ersten Taktes ist *leise*, aber die *linke Hand* auf der „1" des zweiten Taktes ist bereits *laut*.

Die nächste Übung ist das Gegenteil von *Dynamikstufen 1.1*:
Hier ist der erste Takt *laut* und der zweite *leise*.

Dynamikstufen 1.2 (Takt 1: laut – Takt 2: leise)

Jetzt werden die Dynamikstufen kürzer: Du spielst das Fill über *drei Viertelnoten* lang *leise*, dann über *drei Viertel* lang *laut* bis zwei Takte komplett sind.

Dynamikstufen 2.1 (3 Viertel lang: leise – 3 Viertel lang: laut – 2 Viertel lang: leise)

Die nächste Übung funktioniert wieder genau umgekehrt. Das Prinzip ist dasselbe wie bei *Dynamikstufen 2.1*. Du fängst aber jetzt *laut* an.

Dynamikstufen 2.2 (3 Viertel lang: laut – 3 Viertel lang: leise – 2 Viertel lang: laut)

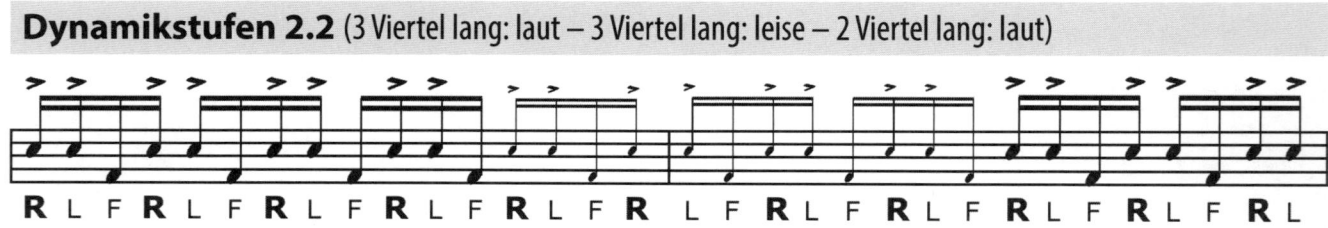

Die Dynamikstufen werden noch einmal kürzer. Jetzt verweilst du auf jeder Stufe nur *zwei Viertel* lang.

Dynamikstufen 3.1 (Abwechselnd 2 Viertel lang: leise – 2 Viertel lang: laut)

Die nächste Übung funktioniert wieder genau umgekehrt. Das Prinzip ist dasselbe wie bei *Dynamikstufen 3.1*. Du fängst aber *laut* an.

Dynamikstufen 3.2 (Abwechselnd 2 Viertel lang: laut – 2 Viertel lang: leise)

Und eventuell kannst du es dir schon denken: Die Dynamikstufen werden noch einmal kürzer. Jetzt verweilst du auf jeder Stufe nur *eine Viertel* lang. Beispiel *Dynamikstufen 4.1* fängt *leise* an, während *Dynamikstufen 4.2 laut* beginnt.

Je kürzer die Dynamikstufen sind, desto schwerer sind sie zu spielen. Achte unbedingt auf abrupte Übergänge.

Dynamikstufen 4.1 (Abwechselnd 1 Viertel lang: leise – 1 Viertel lang: laut)

Dynamikstufen 4.2 (Abwechselnd 1 Viertel lang: laut – 1 Viertel lang: leise)

Ab jetzt beziehen sich die Dynamikstufen auf die *3er-Gruppe*. Das heißt, du spielst die 3er-Gruppe *dreimal leise*, gefolgt von *drei lauten* 3er-Gruppen bis die zwei Takte komplett sind.

Dynamikstufen 5.1 (3er-Gruppe: 3 mal leise – 3 mal laut)

Beispiel *Dynamikstufen 5.2* funktioniert wieder genau umgekehrt:
Du spielst die 3er-Gruppe *dreimal laut*, gefolgt von *drei leisen* 3er-Gruppen.

Dynamikstufen 5.2 (3er-Gruppe: 3 mal laut – 3 mal leise)

Die Dynamikstufen leiten sich weiter aus der 3er-Gruppe ab, werden aber kürzer:
Jetzt spielst du die 3er-Gruppe *zweimal leise*, gefolgt von *zwei lauten* 3er-Gruppen.

Dynamikstufen 6.1 (3er-Gruppe: 2 mal leise – 2 mal laut)

Dynamikstufen 6.2 funktioniert wieder genau umgekehrt:
Du spielst die 3er-Gruppe *zweimal laut*, gefolgt von *zwei leisen* 3er-Gruppen.

Dynamikstufen 6.2 (3er-Gruppe: 2 mal laut – 2 mal leise)

Und was darf am Ende nicht fehlen? Natürlich, dass du die 3er-Gruppe *einmal leise* und *einmal laut* spielst bis zwei Takte komplett sind.

Dynamikstufen 7.1 (3er-Gruppe: 1 mal leise – 1 mal laut)

Dynamikstufen 7.2 funktioniert wieder genau umgekehrt:
Du spielst die 3er-Gruppe *einmal laut*, gefolgt von *einer leisen* 3er-Gruppen.

Dynamikstufen 7.2 (3er-Gruppe: 1 mal laut – 1 mal leise)

Alle Übungen in diesem Teil des Kapitels beziehen sich ausdrücklich auf abrupte Dynamiksprünge. Unbedingt solltest du auch gleitende Änderungen in der Lautstärke eines Fills üben. Hier drei Beispiele:

1. Dein Fill fängt leise an, wird im Verlauf lauter und am Ende des Fills spielst du so laut wie möglich:

2. Genau umgekehrt:
   Dein Fill fängt laut an, wird im Verlauf leiser und am Ende bist du so leise wie möglich:

3. Du spielst einen wellenförmigen Dynamikverlauf. Laut anfangen, leise werden, wieder lauter usw. bis das Fill zu Ende ist:

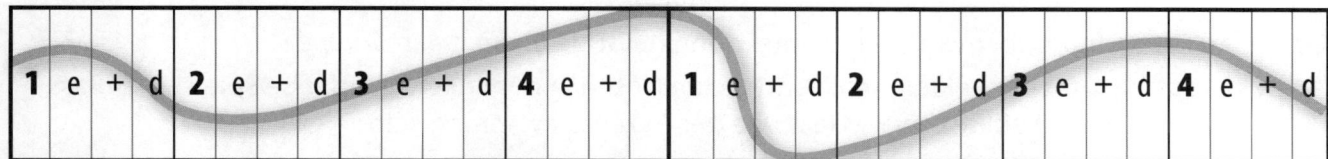

Übetipp:

Da Dynamikstufenübungen oft vernachlässigt werden, empfehle ich dir, diese Übungen fest in deinen Übeplan zu integrieren. Die Dynamikstufenübungen 1.1 bis 4.2 lassen sich auf alle anderen Fills übertragen.

Wenn du täglich in dieser Art übst, reicht es absolut, dies 5–10 Minuten am Tag zu tun.

Wenn du die Übungen gut spielen kannst, solltest du auch mit weniger unterschiedlichen Dynamikstufen experimentieren. Z. B. laut und sehr laut.

Kapitel 2

Fills in Sechzehntelnoten

In diesem Kapitel zeige ich dir verschiedene Möglichkeiten, Fills in Sechzehntelnoten zu spielen.

Fills in Sechzehntelnoten 1 (4er- & 2er-Gruppen)

Du spielst zuerst eine Figur, die eine Viertelnote lang ist. In Sechzehntelnoten sind das *vier* Schläge.

Sechzehntel-Fill (Ausgangsfigur: R L L F)

Sechzehntel-Fill 1 (Ausgangsfigur: R L L F über einen ganzen Takt)

Da die Ausgangsfigur über vier Sechzehntel geht, heißt sie ab jetzt *4er-Gruppe*.
Achte darauf, dass du die beiden unakzentuierten Noten in der linken Hand leise spielst. Der Bass Drum-Schlag am Ende sollte etwa so laut wie der Akzent am Anfang sein.

> **Verinnerlichen neuer Schlagabfolgen:**
> Mach dich zuerst mit dem Bewegungsablauf eines Fills vertraut, indem du es ohne Bezug zum Puls mehrmals hintereinander spielst. Dabei kann es hilfreich sein, beim Spielen schneller und wieder langsamer zu werden.
> Sobald du das neue Fill verinnerlicht hast, solltest du immer in einem konkreten Tempo spielen und dir über den Bezug zum Viertelpuls im Klaren sein.

Du kannst die 4er-Gruppe erheblich anders klingen lassen, indem du sie im Takt um eine Achtel vom *Downbeat* auf den *Offbeat*[*] verschiebst. Die Herausforderung ist: Du startest das Fill auf „1+" und hörst dabei, wie unterschiedlich es in Relation zum Viertelpuls klingt.

Theoretisch könntest du die 4er-Gruppe auf jeder der vier vorhandenen Sechzehntelnoten anfangen. Jetzt kümmern wir uns aber ganz bewusst um die Verschiebung um eine Achtel und lassen die anderen Optionen unter den Tisch fallen.

Auf der „1" spielst du einen Snareakzent und dann ab der „1+" die 4er-Gruppe:

---

[*] *Als Offbeat [engl.: weg vom Schlag] werden in der Musik Positionen **zwischen den Zählzeiten** eines Metrums und vor allem die Betonung dieser Positionen bezeichnet.*

Kapitel 2 | Fills in Sechzehntelnoten

Sechzehntel-Fill 2 (4er-Gruppe um eine Achtel verschoben)

Jetzt fügen wir beide Sechzehntel-Fills zu einem *zweitaktigen Fill* zusammen. In *Takt 1* spielst du die 4er-Gruppe auf dem Downbeat und wechselst in *Takt 2* auf den Offbeat (*siehe Kennzeichnung*).
In Zeile 2 siehst du zur Verdeutlichung die zugrundeliegende Rhythmik des Fills.

Sechzehntel-Fill 1 + 2 (Kombination)

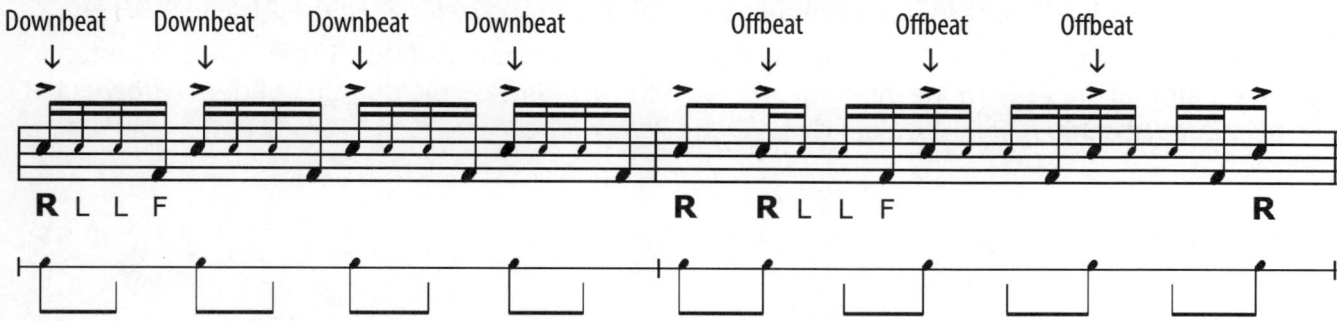

Achtelnoten sind die zugrundeliegende Rhythmik bei den 4er- & 2er-Gruppen. Um sie zu verinnerlichen, hier zwei verschiedene Herangehensweisen anhand von dem *Sechzehntel-Fill 1 & 2* (*siehe oben*). Diese Herangehensweisen kannst du bei allen Fills mit zugrundeliegender Rhythmik in Achteln benutzen.

1. Du spielst in den **Takten 1 und 2** das Fill. In den **Takten 3 und 4** spielst du mit der *rechten Hand* Achtel auf der Snare und betonst dabei die Rhythmik. Gleichzeitig spielst du mit der *getretenen HiHat* den Viertel-Puls, um das Verständnis weiter zu erhöhen.

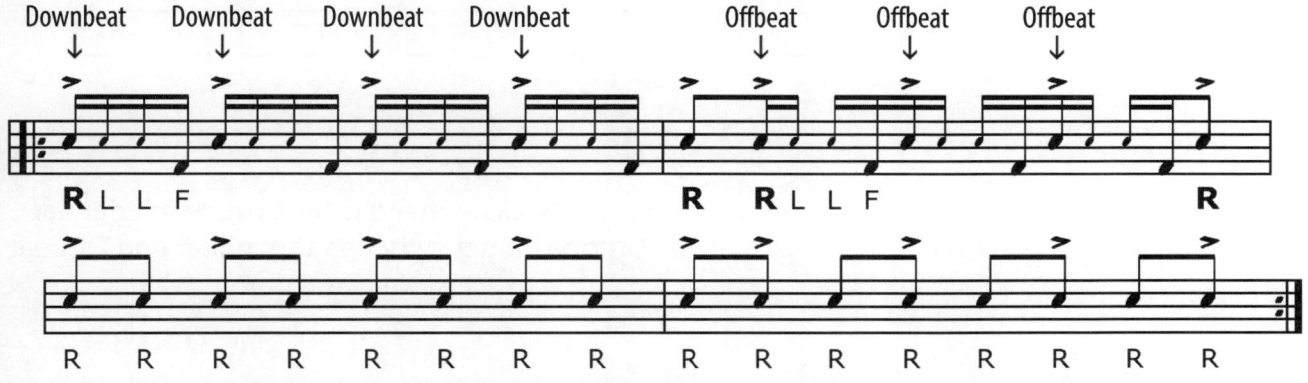

2. Du spielst in den **Takten 1 und 2** das Fill und in den **Takten 3 und 4** einen Groove mit der zugrundeliegenden Rhythmik als Bass Drum-Figur:

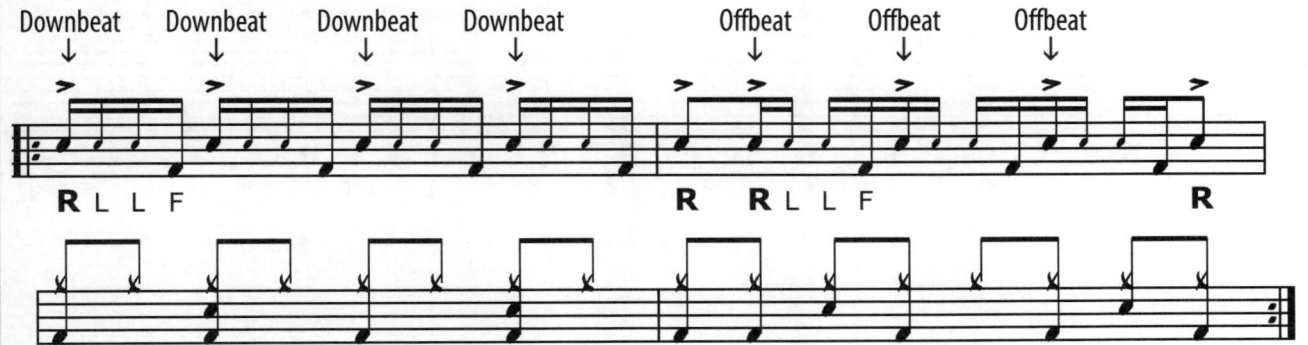

Als Nächstes brauchen wir einen *eleganteren* Übergang zwischen den beiden Positionen der Ausgangsfigur. Anstelle der Achtelnote auf der Snare (*siehe S. 31 Sechzehntel-Fill 1 + 2 , Takt 2, auf „1"* *und „4+"*) spielst du nun folgende zwei Sechzehntel, die zusammen genau eine Achtel lang sind.

Sechzehntel-Fill 3 (Übergang Snare Takt 2 auf „1" und „4+")

 Der Übergang geht über zwei Sechzehntel und heißt deswegen *2er-Gruppe*.

Nun fügst du die *2er-Gruppe* in das kombinierte, zweitaktige *Sechzehntel-Fill 1 + 2* (*siehe S. 31*) ein. Du startest das Fill mit der *4er-Gruppe* auf der „1" (dem *Downbeat*). Auf der „1" des zweiten Taktes spielst du einmal die *2er-Gruppe* direkt gefolgt von der *4er-Gruppe*, die du nun auf dem *Offbeat* (1+) startest. Zum Abschluss spielst du auf der „4+" die *2er-Gruppe*.

Sechzehntel-Fill 4 (4er- & 2er-Gruppen Kombination 1)   CD 05

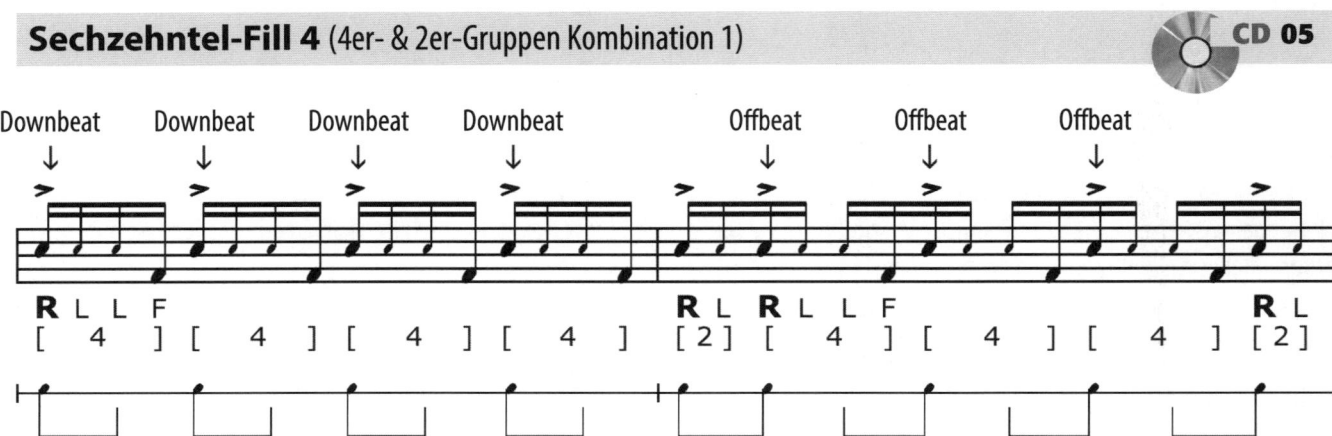

Nun wird es rhythmisch noch interessanter. Dazu wechselst du immer die 4er-Gruppe mit der 2er-Gruppe ab. Dadurch wechselt die Position der 4er-Gruppe immer zwischen Downbeat und Offbeat.

Sechzehntel-Fill 5 (4er- & 2er-Gruppen Kombination 2)

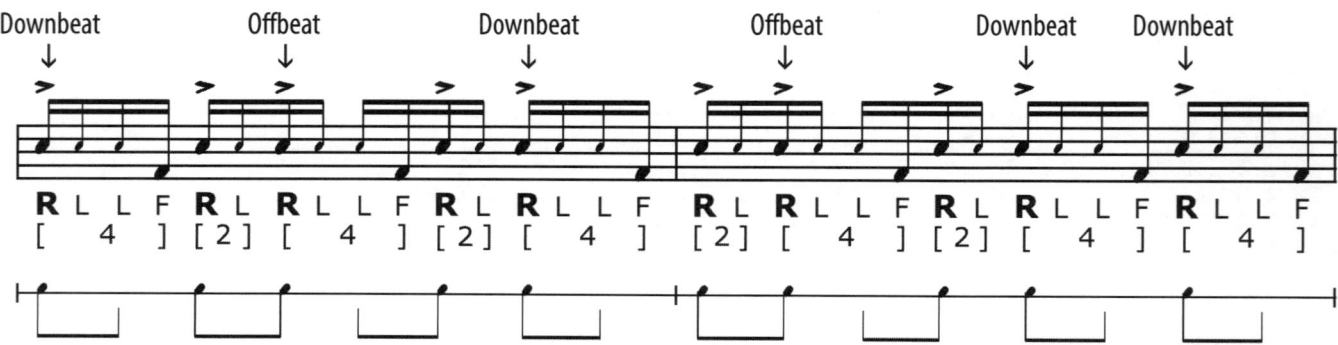

Das nächste Beispiel zeigt eine weitere Möglichkeit, 4er-Gruppen mit 2er-Gruppen zu kombinieren. Hier beginnst du mit der 2er-Gruppe, d. h. die erste 4er-Gruppe startet auf dem Offbeat.

Sechzehntel-Fill 6 (4er- & 2er-Gruppen Kombination 3)

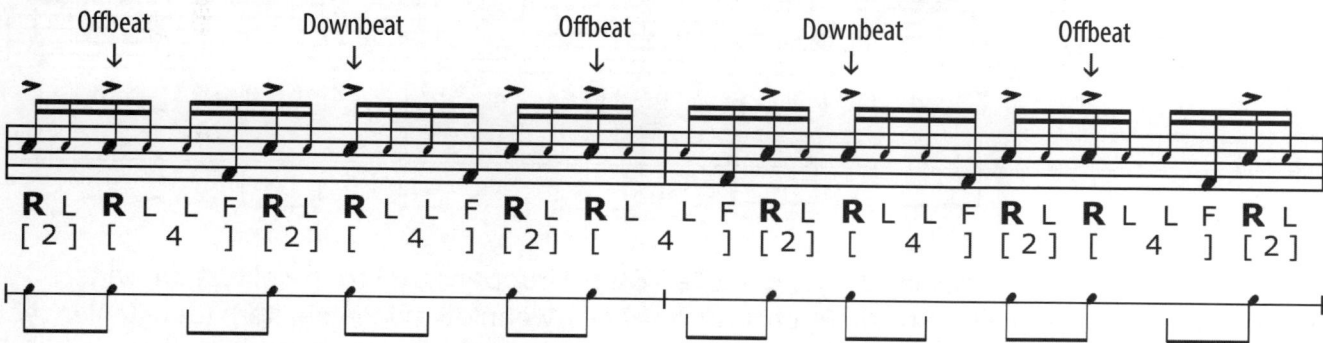

Querverweis:

Im *Anhang*, auf der *Seite 131* findest du eine Snareübung, bei der ebenfalls 4er- & 2er-Gruppen kombiniert werden.

Das Ziel dieser Snareübung ist die Vertiefung der rhythmischen Grundidee, denn je besser du diese beherrschst, desto leichter kannst du sie auf andere Schlagabfolgen übertragen. Ich spiele Snareübungen meistens auf meinem Pad. Konkret könntest du also zuerst die Snareübung auf dem Pad üben (eventuell zum Aufwärmen) und anschließend das Fill am Set. Spiele diese Übungen in moderatem Tempo. Es geht in erster Linie um das Verstehen der zugrundeliegenden Rhythmik.

Das Schöne am Arbeiten mit Gruppen ist, dass man diese hervorragend zum Improvisieren benutzen kann. Dazu musst du zum einen natürlich die Figuren auswendig spielen und zum anderen (noch wichtiger) immer die zugrundeliegende Rhythmik in Relation zum Viertelpuls richtig hören.

Improvisieren heißt, ohne Noten spielen.

Versuche die nächsten beiden Fills nur anhand der Zahlen zu spielen (in eckigen Klammern unter den Noten), um dich allmählich von den Noten zu lösen.

Den Handsatz habe ich weggelassen, denn den kannst du jetzt ja auswendig, hoffe ich zumindest ☺ . Die Noten stehen noch da, falls du eine visuelle Kontrolle brauchst.

[4] = R L L F
[2] = R L

Sechzehntel-Fill 7 (4er- & 2er-Gruppen Kombination 4)

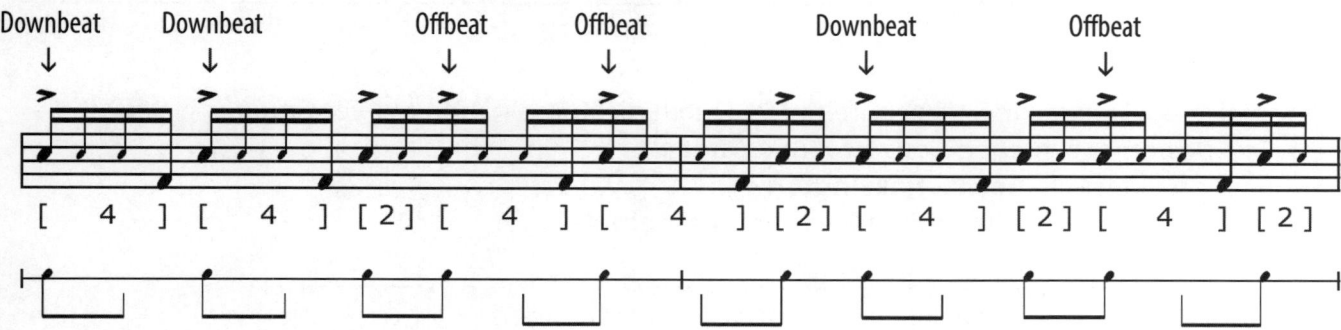

Sechzehntel-Fill 8 (4er- & 2er-Gruppen Kombination 5)

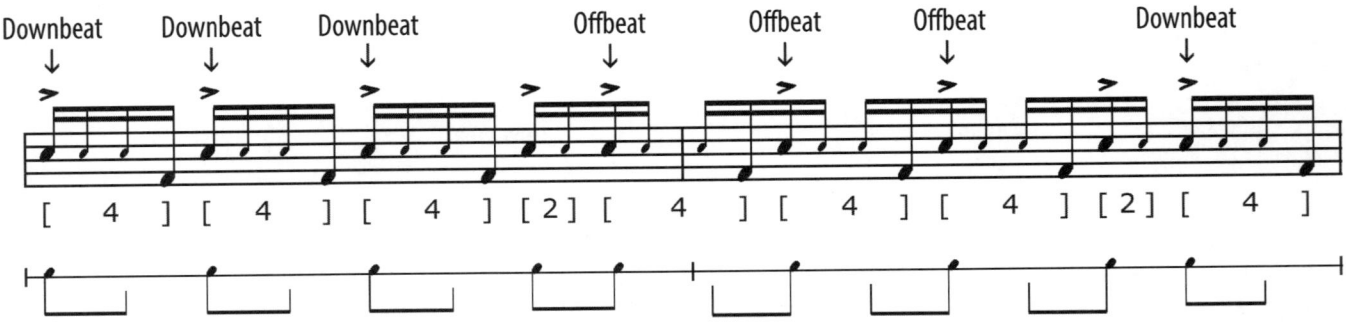

Um rhythmisch absolut sicher im Umgang mit 4er- & 2er-Gruppen zu werden, solltest du weitere Kombinationen nach diesem Prinzip üben. Dazu reicht es, wenn du mit Platzhaltern (den Zahlen „4" und „2") arbeitest. Die folgenden vier Kombinationen aus 4er- & 2er-Gruppen repräsentieren je ein zweitaktiges Fill im $\frac{4}{4}$-Takt.

Zur besseren Orientierung findest du in der jeweils zweiten Zeile die Zählzeiten.

Sechzehntel-Fill 9 (4er- & 2er-Gruppen Kombination 6)

4		2	4		4		2	4		4		2	4		2
1	+	2	+	3	+	4	+	1	+	2	+	3	+	4	+

Sechzehntel-Fill 10 (4er- & 2er-Gruppen Kombination 7)

2	4		4		4		2	4		4		2	4		2
1	+	2	+	3	+	4	+	1	+	2	+	3	+	4	+

Sechzehntel-Fill 11 (4er- & 2er-Gruppen Kombination 8)

2	4		2	2	4		2	4		2	4		4		2
1	+	2	+	3	+	4	+	1	+	2	+	3	+	4	+

Sechzehntel-Fill 12 (4er- & 2er-Gruppen Kombination 9)

4		4		2	2	4		2	2	4		2	4		
1	+	2	+	3	+	4	+	1	+	2	+	3	+	4	+

Das Prinzip:

Du spielst *4er-Gruppen* in Sechzehntelnoten. Durch die Kombination mit *2er-Gruppen* wechselt die *4er-Gruppe* immer zwischen *Downbeat* und *Offbeat*.
Subdivision(*) des Fills: **Sechzehntelnoten**
Das Raster der zugrundeliegenden Rhythmik: **Achtelnoten**

(*) *Subdivision = Die rhythmische Unterteilung auf Basis eines Notenwerts*

Kapitel 2 | Fills in Sechzehntelnoten

So geht's weiter:

Jetzt übst du alle zweitaktigen Kombinationen anhand unten stehender Übeanleitung (ausführlich erklärt in den *Vorbemerkungen, Seite 6ff*).

Dies geht am besten mit **Lesetext 1** (*4er- & 2er-Gruppen in Sechzehntelnoten*), auf dem alle Kombinationen (*Sechzehntel-Fills 4–12*) übersichtlich auf einer Seite stehen.

Übeanleitung	
Starttempo:	**Viertel** = 70
Anzahl der Tempi:	3
Anzahl Durchgänge pro Tempo:	2 mal jedes Fill des Lesetextes
Form:	2 Takte Groove + 2 Takte Fill
Laut zählen:	Viertel und „Klick" | bei Bedarf Sechzehntel
Dauer der Übung:	ca. 15 Minuten

Tipps zur Improvisation:

Das Spielen nach Zahlen ist toll, soll aber nur ein Zwischenschritt auf dem Weg zum freien Umgang mit diesen Fills sein. Sobald du die aufgeschriebenen Zahlenkombinationen gut spielen kannst, dazu laut zählen kannst und – auch ohne zu zählen – immer weißt, wo der Puls und wo die „1" ist, solltest du anfangen zu improvisieren.

Bleibe zuerst bei zweitaktigen Fills und improvisiere mit verschiedenen Kombinationen von 4er- & 2er-Gruppen.

Das Improvisieren führt dazu, dass du beim Spielen nicht mehr an Zahlen oder Gruppen denkst, sondern die rhythmische Struktur jederzeit hörst, und damit über das Material frei verfügst.

Photo © Mario Schmitt

Da du das rhythmische Konzept (*4er- & 2er-Gruppen*) jetzt gut beherrschst, solltest du es auf andere Schlagabfolgen übertragen. Hier ein Beispiel:

Orchestrierungskonzept „Foot Swap" [*engl.: foot = Fuß und swap = Tausch*]

Du spielst anstelle der Bass Drum die getretene HiHat mit dem *linken Fuß*. Zusätzlich spielst du den auf den Fuß folgenden Schlag mit der *rechten Hand* auf der HiHat (auf die getretene HiHat folgt also direkt die gespielte HiHat). Dieses Konzept lässt sich auf ALLE Fills mit einem Bass Drum-Schlag übertragen.

Die bisher verwendeten 4er- & 2er-Gruppen werden also leicht verändert und sehen dann so aus:

Foot Swap (Ausgangsfiguren)

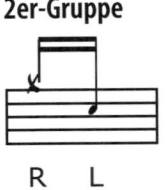

Jetzt kombinierst du diese 4er- & 2er-Gruppen mithilfe von **Lesetext 1** (*4er- & 2er-Gruppen in Sechzehntelnoten*). Hier zur Verdeutlichung *Kombination 1* dieses Lesetextes als Basis für das folgende Fill:

Foot Swap 1 (Kombination 1 von Lesetext 1) — CD 07

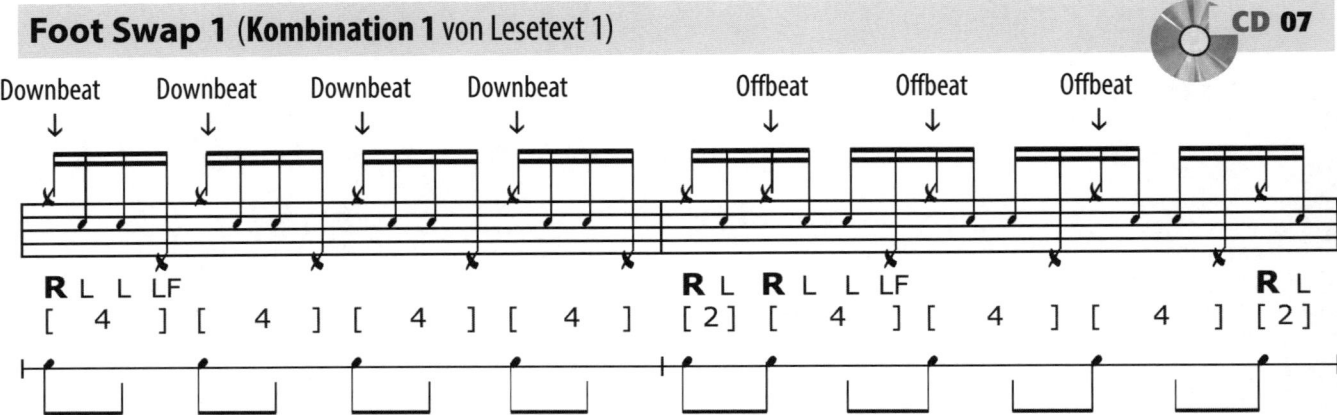

Du siehst, dieses rhythmische Prinzip lässt sich auf viele verschiedene Arten anwenden. Denk dir auch eigene 4er- & 2er-Gruppen aus!

Ich würde dir im Moment jedoch empfehlen, lieber die folgenden anderen rhythmischen Konzepte in diesem Buch auszuchecken und eventuell später zu den 4er- & 2er-Gruppen in Sechzehnteln zurückzukehren.

Übeanleitung	
Starttempo:	**Viertel** = 70
Anzahl der Tempi:	3
Anzahl Durchgänge pro Tempo:	2 mal jedes Fill des Lesetextes
Form:	2 Takte Groove + 2 Takte Fill
Laut zählen:	Viertel und „Klick" | bei Bedarf Sechzehntel
Dauer der Übung:	ca. 15 Minuten

Fills in Sechzehntelnoten 2 (4er- & 2er-Gruppen verschoben)

Ab hier erhöhst du deine rhythmische Flexibilität und damit deine Ausdrucksmöglichkeiten, indem du die schon bekannte 4er-Gruppe um *eine* Sechzehntelnote verschiebst.

Du spielst weiterhin **R L L F**, fängst aber eine Sechzehntelnote früher an:

Sechzehntel-Fill 2.1 (Ausgangsfigur | R L L F eine 16tel früher)

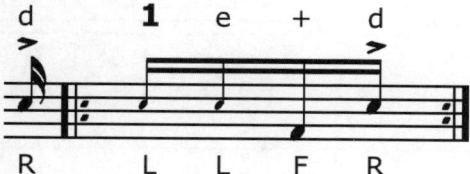

Hier die Figur aus *Beispiel 2.1* über einen Takt mit zugrundeliegender Rhythmik in Zeile 2.

Sechzehntel-Fill 2.2 (Ausgangsfigur = 4er-Gruppe über einen Takt)

Es klingt auch sehr gut, die 4er-Gruppe (**R L L F**) eine Sechzehntel nach der „1" anzufangen.

Sechzehntel-Fill 2.3 (4er-Gruppe eine 16tel später)

Im nächsten Schritt fügst du die bereits bekannte *2er-Gruppe* hinzu. Auch diese ist nun um eine Sechzehntelnote verschoben und hat jetzt zwei Akzente.

Sechzehntel-Fill 2.4 (2er-Gruppe)

Auf den folgenden Seiten kombinierst du wieder 4er- & 2er-Gruppen ...

Bei der 2er-Gruppe sind *beide Hände* akzentuiert. Der Akzent in der linken Hand landet immer ganz automatisch auf einer der Achtelnoten (grau markiert in *Takt 2* des nächsten Fills). Das führt dazu, dass das um eine Sechzehntel verschobene Fill trotzdem sehr gut klingt und leichter zu hören ist.

Sechzehntel-Fill 2.5 (4er- & 2er-Gruppen Kombination 1)

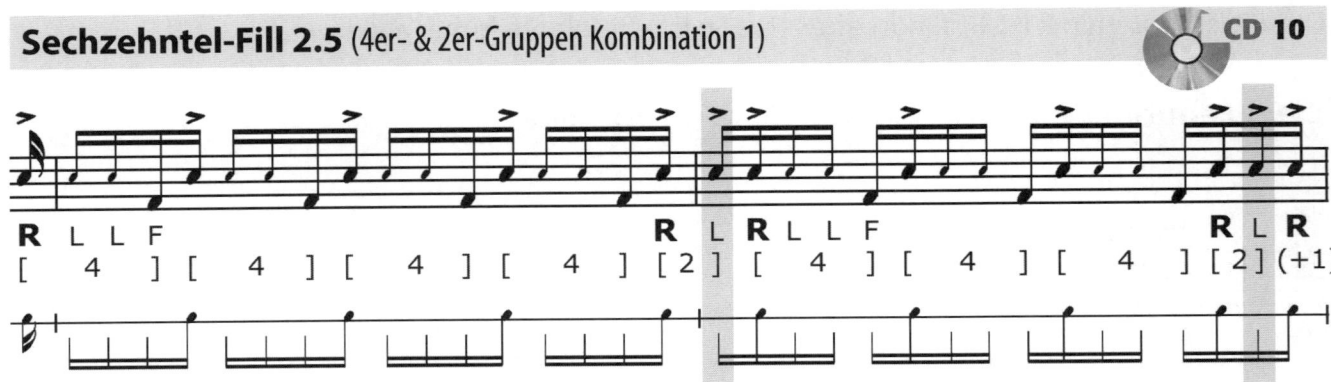

Auch bei den folgenden beiden Fills ist die akzentuierte linke Hand grau.

Sechzehntel-Fill 2.6 (4er- & 2er-Gruppen Kombination 2)

Sechzehntel-Fill 2.7 (4er- & 2er-Gruppen Kombination 3)

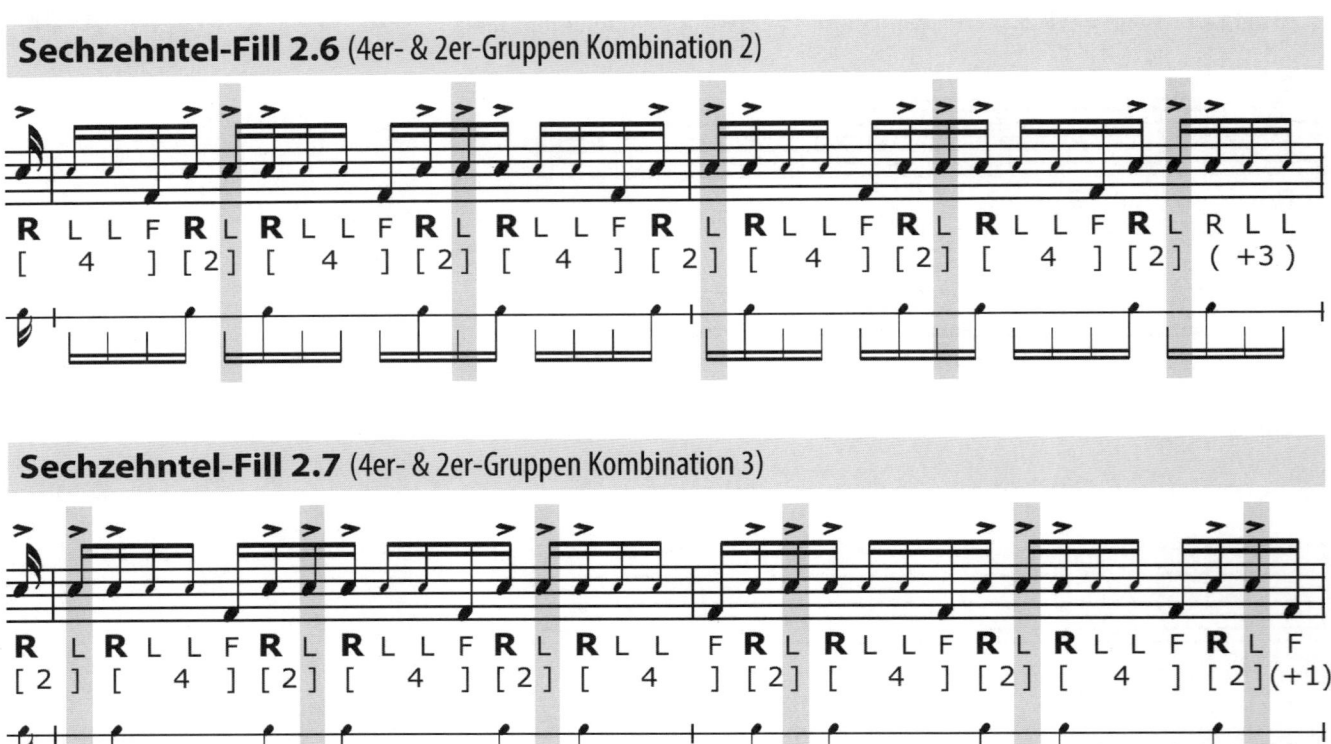

Wenn du alle Fills in Sechzehntelnoten gut geübt hast und keinerlei Probleme mit dem lauten Zählen hast, geht es nun weiter damit, alle bisher gespielten Positionen der 4er-Gruppe miteinander zu kombinieren.

Fills in Sechzehntelnoten 3 (4er- & 3er-Gruppen)

Nun geht es darum, alle vier verschiedenen Positionen der 4er-Gruppe in einem Fill zu spielen. Dazu kombinierst du die *4er-Gruppen* jetzt mit *3er-Gruppen*.

Als 3er-Gruppe spielst du die aus *Kapitel 1* bekannte Figur: **R L F**.

Beide Hände sind akzentuiert.

Sechzehntel-Fill 3.1 (3er-Gruppe)

Die erste Kombinationsübung geht über *vier Takte*. Innerhalb dieser vier Takte kommen alle vier möglichen Positionen der 4er-Gruppe vor. Die 3er-Gruppen sind **grau** markiert. Die zugrundeliegende Rhythmik siehst du in der 2. und 4. Zeile.

Sechzehntel-Fill 3.2 (4er- & 3er-Gruppen über vier Takte)

CD 11

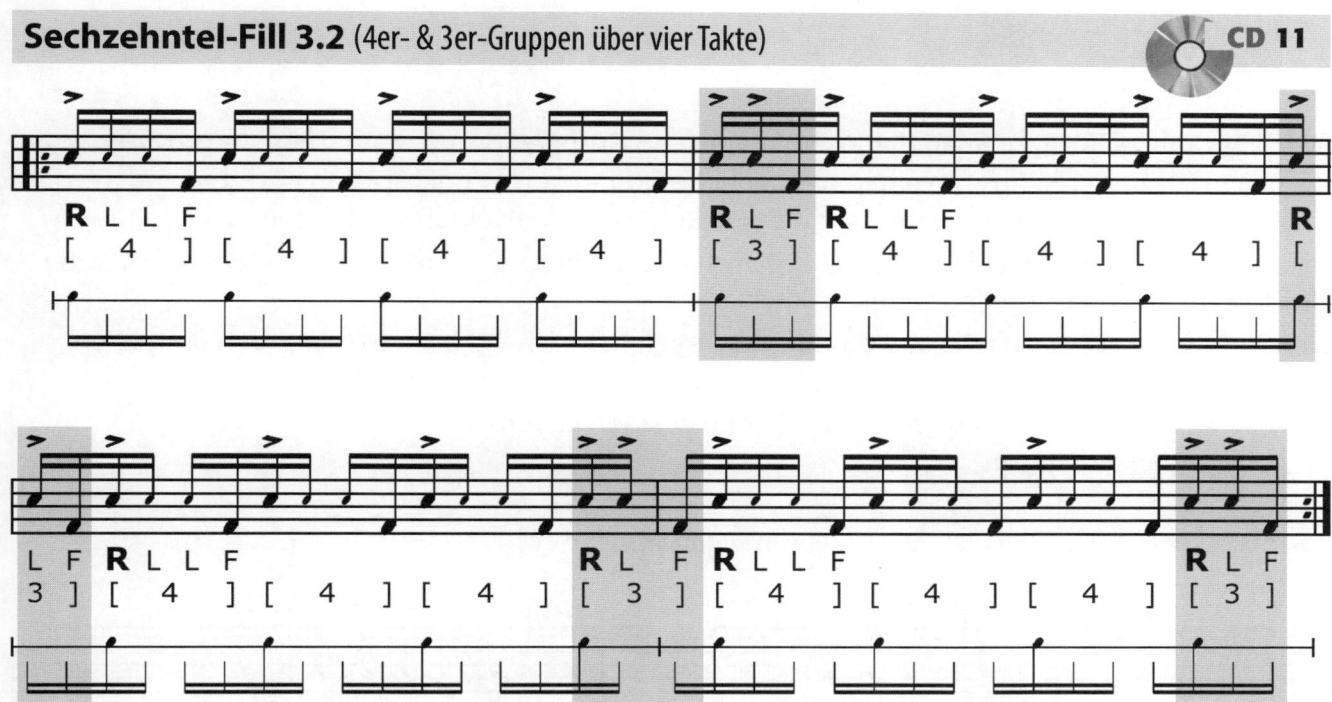

Kommen wir nun zu zweitaktigen Fills mit 4er- & 3er-Gruppen. In *Beispiel 3.3* spielst du immer abwechselnd 4er- & 3er-Gruppen (**grau** markiert). Dadurch verschiebt sich die 4er-Gruppe immer um eine Sechzehntelnote nach vorne.

Sechzehntel-Fill 3.3 (4er- & 3er-Gruppen Kombination 1)

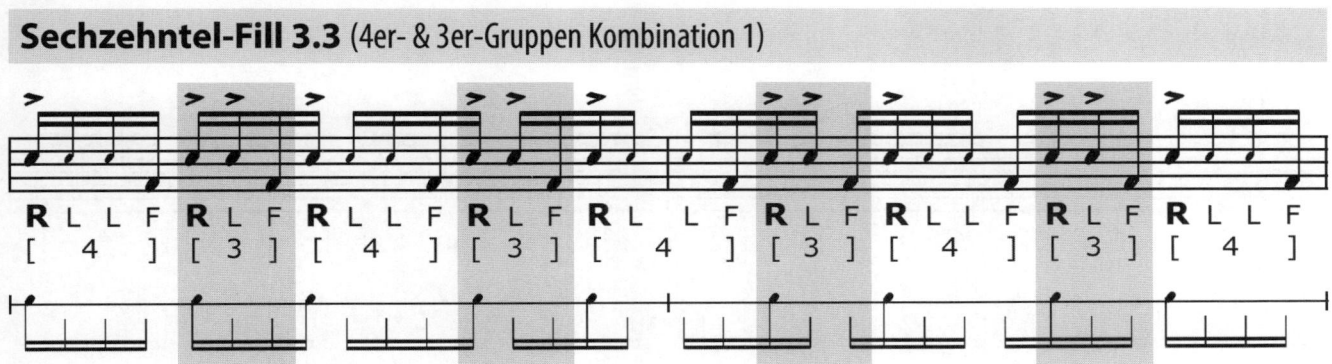

Weiter geht's mit 4er- & 3er-Gruppen im Wechsel. Jetzt beginnst du mit der 3er-Gruppe:

Sechzehntel-Fill 3.4 (4er- & 3er-Gruppen Kombination 2)

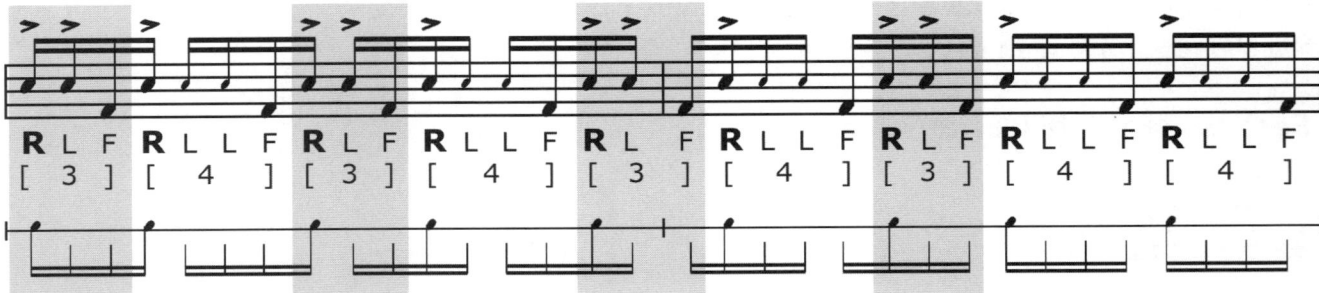

> **Querverweis:**
> Natürlich gibt es zum Thema 4er- & 3er-Gruppen im *Anhang* eine *Snareübung* (*siehe Seite 132*). Auch hier ist das Ziel die Vertiefung der rhythmischen Grundidee. Es bietet sich an, Snareübung und Fills parallel zu üben.

Wie du schon weißt, kann man das Kombinieren von Gruppen hervorragend zum Improvisieren benutzen. Dazu musst du zum einen natürlich die Figuren auswendig spielen und zum anderen immer den zugrundeliegenden Rhythmus in Relation zum Viertelpuls richtig hören.

Versuche, die nächsten beiden Fills nur anhand der Zahlen zu spielen (in eckigen Klammern unter den Noten), um dich von den Noten zu lösen.

Den Handsatz kannst du jetzt auswendig, deswegen habe ich ihn bei den folgenden Beispielen weggelassen. Die Noten stehen nur da, falls du sie zur visuellen Kontrolle brauchst.

Am besten achtest du nur auf die Zahlen in den eckigen Klammern!

[4] = R L L F; [3] = R L F

Sechzehntel-Fill 3.5 (4er- & 3er-Gruppen Kombination 3)

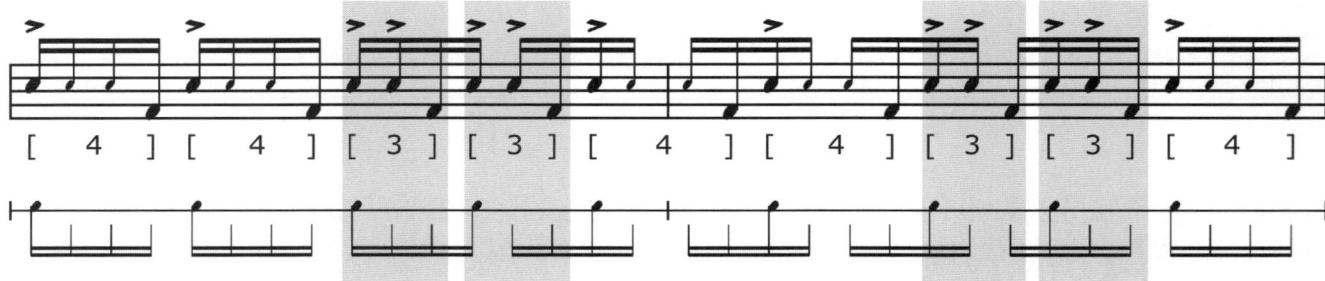

Sechzehntel-Fill 3.6 (4er- & 3er-Gruppen Kombination 4)

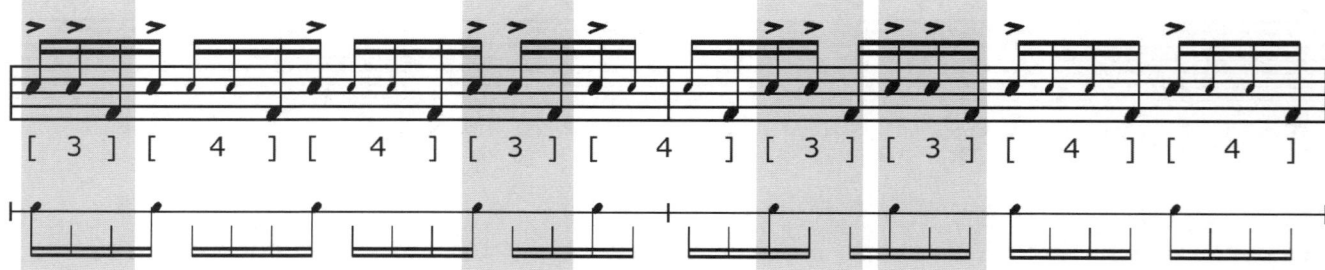

Kapitel 2 | Fills in Sechzehntelnoten

Um rhythmisch absolut sicher im Umgang mit 4er- und 3er-Gruppen zu werden, solltest du weitere Kombinationen üben. Da die Handsätze mittlerweile bekannt sind, geht es jetzt nur noch um das Üben verschiedener Kombinationen. Dazu reicht es, wenn du mit Platzhaltern (den Zahlen „4" und „3") arbeitest. Die folgenden vier Kombinationen aus 4er- und 3er-Gruppen repräsentieren je ein *zweitaktiges Fill* im $\frac{4}{4}$-Takt. Zur besseren Orientierung findest du in der jeweils zweiten Zeile die Zählzeiten.

Sechzehntel-Fill 3.7 (4er- & 3er-Gruppen Kombination 5)

3	4	3	4	4	3	4	4	3

| 1 | e | + | d | 2 | e | + | d | 3 | e | + | d | 4 | e | + | d | 1 | e | + | d | 2 | e | + | d | 3 | e | + | d | 4 | e | + | d |

Sechzehntel-Fill 3.8 (4er- & 3er-Gruppen Kombination 6)

4	3	4	4	3	4	3	4	3

| 1 | e | + | d | 2 | e | + | d | 3 | e | + | d | 4 | e | + | d | 1 | e | + | d | 2 | e | + | d | 3 | e | + | d | 4 | e | + | d |

Bei den folgenden Beispielen 3.9 und 3.10 siehst du am Ende „+2". Das bedeutet, dass noch zwei Sechzehntel fehlen, bis zwei Takte komplett sind. Hier spielst du einfach **R L**.

Sechzehntel-Fill 3.9 (4er- & 3er-Gruppen Kombination 7)

4	4	3	4	4	3	4	4	+2

| 1 | e | + | d | 2 | e | + | d | 3 | e | + | d | 4 | e | + | d | 1 | e | + | d | 2 | e | + | d | 3 | e | + | d | 4 | e | + | d |

Sechzehntel-Fill 3.10 (4er- & 3er-Gruppen Kombination 8)

3	3	3	4	3	4	3	4	3	+2

| 1 | e | + | d | 2 | e | + | d | 3 | e | + | d | 4 | e | + | d | 1 | e | + | d | 2 | e | + | d | 3 | e | + | d | 4 | e | + | d |

Tipp zur Orchestrierung: Bringe die Toms ins Spiel, indem du bei allen 3er-Gruppen mit der rechten Hand das Floor Tom und mit der linken Hand das Hängetom spielst. Die Orchestrierung der 4er-Gruppen bleibt unverändert.

> **Das Prinzip:**
>
> Du spielst *4er-Gruppen* in Sechzehntelnoten. Durch die Kombination mit *3er-Gruppen* spielst du die 4er-Gruppe auf allen vier Positionen.
>
> Subdivision des Fills: **Sechzehntelnoten**
> Das Raster der zugrundeliegenden Rhythmik: **Sechzehntelnoten**

So geht's weiter:

Jetzt übst du alle *zweitaktigen Kombinationen* anhand unten stehender Übeanleitung (ausführlich erklärt in den *Vorbemerkungen, Seite 8ff*).

Dies geht am besten mit **Lesetext 2** (*4er- & 3er-Gruppen in Sechzehntelnoten*). Dort findest du die Übersicht über alle Kombinationen (*Beispiele 3.3–3.10*).

Übeanleitung	
Starttempo:	**Viertel** = 70
Anzahl der Tempi:	3
Anzahl Durchgänge pro Tempo:	2 mal jedes Fill des Lesetextes
Form:	2 Takte Groove + 2 Takte Fill
Laut zählen:	Viertel und „Klick"	bei Bedarf Sechzehntel
Dauer der Übung:	ca. 15 Minuten

Auch dieses rhythmische Konzept (*4er- & 3er-Gruppen*) lässt sich wunderbar auf andere Schlagabfolgen übertragen.

Zum Beispiel:

Spiele die 4er-Gruppe mit zwei Bass Drum-Schlägen. Die 3er-Gruppe bleibt gleich.

„Zwei Bass Drum-Schläge" 1 (Ausgangsfiguren)

4er-Gruppe

R L F F

3er-Gruppe

R L F

Jetzt kombinierst du die 4er- & 3er-Gruppen mithilfe von **Lesetext 2** (*4er- & 3er-Gruppen in Sechzehntelnoten*). Hier zur Verdeutlichung *Kombination 1* dieses Lesetextes als Basis für das folgende Fill.

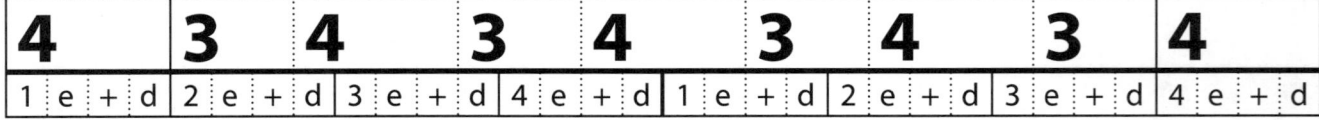

„Zwei Bass Drum-Schläge" 2 (Kombination 1 von Lesetext 2) — CD 13

Um nach dem oben stehenden Fill einen leichten Übergang zurück in den Groove zu ermöglichen, ersetze ich den letzten Bass Drum-Schlag durch einen Schlag mit der linken Hand. Dann kannst du auf der nächsten „**1**" bequem eine Bass Drum spielen.

Kapitel 2 | Fills in Sechzehntelnoten

Spiele unbedingt beim Üben der anderen Kombinationen von **Lesetext 2** statt der Snare auch die Toms.

Übeanleitung	
Starttempo:	**Viertel** = 70
Anzahl der Tempi:	3
Anzahl Durchgänge pro Tempo:	2 mal jedes Fill des Lesetextes
Form:	2 Takte Groove + 2 Takte Fill
Laut zählen:	Viertel und „Klick"	bei Bedarf Sechzehntel
Dauer der Übung:	ca. 15 Minuten

Apropos Orchestrierung:

Das in *Kapitel 1*, *Seite 17ff* erklärte Orchestrierungskonzept *Path Orchestration* lässt sich wunderbar auf diese 4er- & 3er-Gruppen übertragen, da die Hände hier Einzelschläge spielen. Hier zur Erinnerung die Pfade, die du bei *Path Orchestration 1* gespielt hast:

Die *rechte Hand* spielt einen Loop aus *drei* Instrumenten:
Snare, Hängetom und Floortom

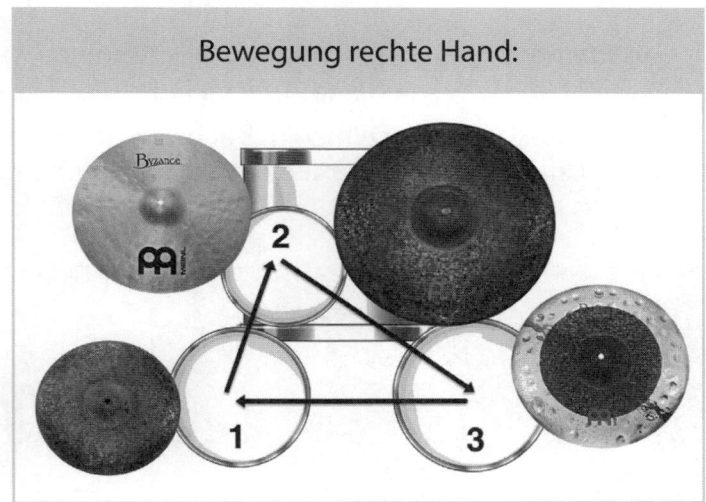

Die *linke Hand* spielt einen Loop aus *zwei* Instrumenten:
Snare und Hängetom

Wenn du *Path Orchestration 1* auf das Beispiel *„Zwei Bass Drum-Schläge" 2 (Kombination 1 von Lesetext 2)* überträgst, sieht das in Noten so aus:

www.jostnickel.com

„Zwei Bass Drum-Schläge" 3 (Kombination 1 von Lesetext 2 mit Path Orchestration 1)

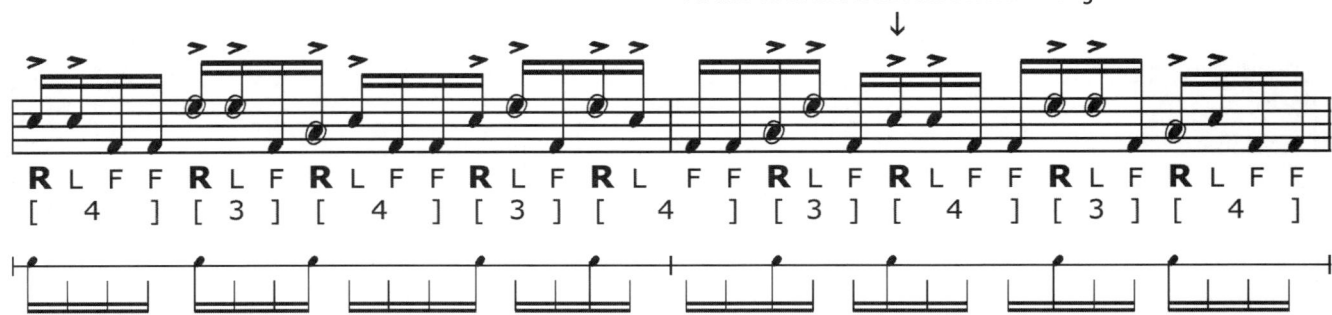

Um nach dem oben stehenden Fill einen leichten Übergang zurück in den Groove zu ermöglichen, ersetze ich den letzten Bass Drum-Schlag durch einen Schlag mit der linken Hand. Dann kannst du auf der nächsten „1" bequem eine Bass Drum spielen.

> **Tipp:**
>
> Aus meiner Sicht ist es nicht nötig, alle Kombinationen mit der *Path Orchestration* zu spielen. Es reicht völlig, wenn du das Prinzip auf ein oder zwei Kombinationen überträgst.
>
> Jetzt solltest du einfach hier im Buch weitermachen, um weitere rhythmische Konzepte und deren Umsetzungsmöglichkeiten kennenzulernen.

Foto © Elle Jaye

Kapitel 2 | Fills in Sechzehntelnoten

Fills in Sechzehntelnoten 4 (4er- & 1er-Gruppen)

Eine einfache, aber umso effektivere, rhythmische Gestaltungsmöglichkeit will ich nicht unerwähnt lassen. Wieder geht es darum, alle vier verschiedenen Positionen der 4er-Gruppe in einem Fill zu spielen. Dazu kombinierst du die 4er-Gruppen jetzt mit 1er-Gruppen in einem viertaktigen Fill. (Natürlich kann man bei einer Note nicht unbedingt von einer „Gruppe" sprechen, aber ich hoffe, du siehst großzügig darüber hinweg).

Unsere „1er-Gruppe" ist ein akzentuierter Schlag mit der linken Hand und ist **grau** markiert.

Sechzehntel-Fill 4.1 (4er- & 1er-Gruppen über vier Takte)

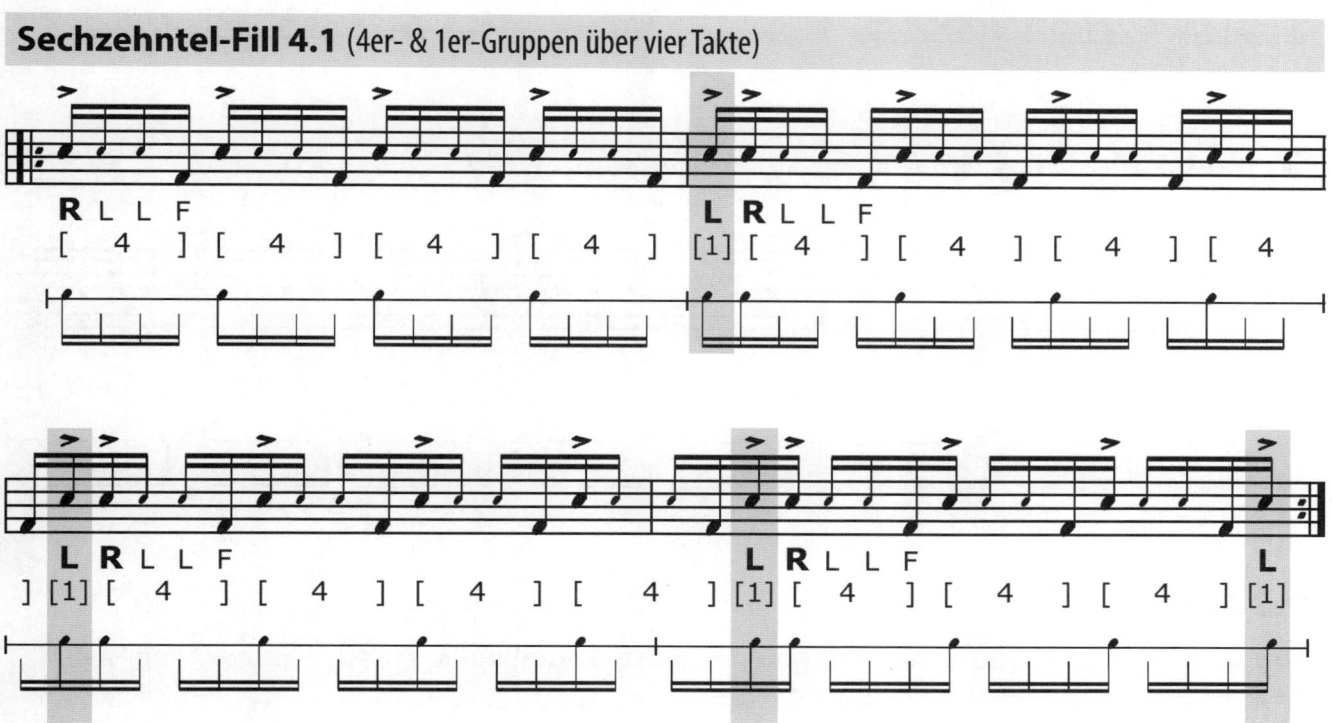

Nun kommen wir zu *zweitaktigen* Kombinationsfills.

Sechzehntel-Fill 4.2 (4er- & 1er-Gruppen Kombination 1) CD 14

Sechzehntel-Fill 4.3 (4er- & 1er-Gruppen Kombination 2)

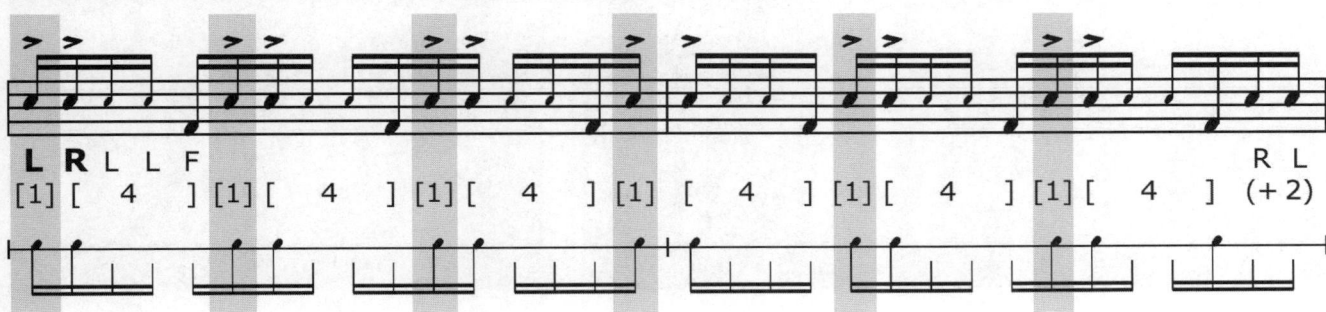

Sechzehntel-Fill 4.4 (4er- & 1er-Gruppen Kombination 3)

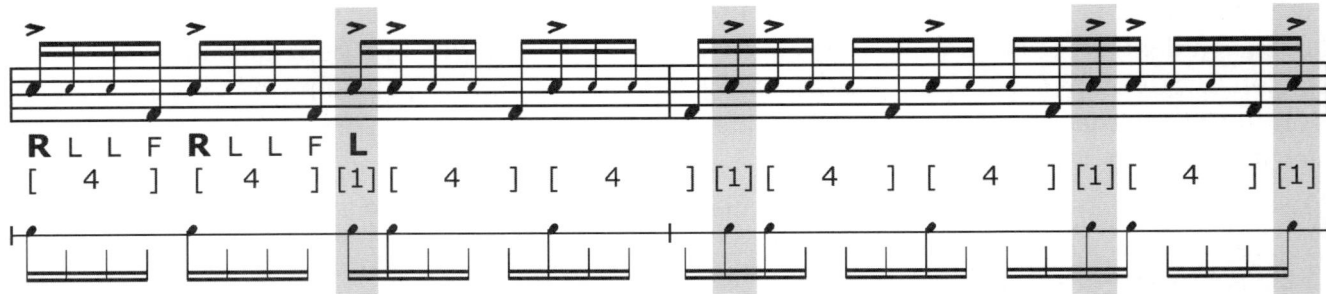

Sechzehntel-Fill 4.5 (4er- & 1er-Gruppen Kombination 4)

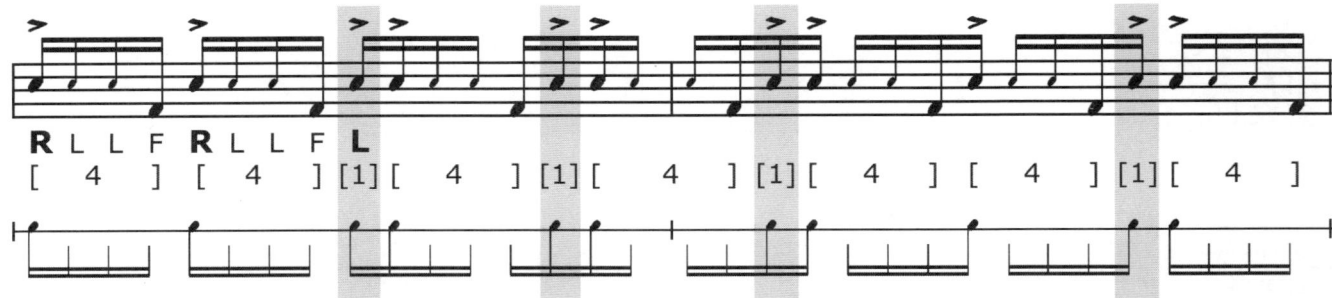

Das Prinzip:

Du spielst *4er-Gruppen* in Sechzehntelnoten. Durch die Kombination mit *1er-Gruppen* spielst du die 4er-Gruppe auf allen vier Positionen.

Subdivision des Fills: **Sechzehntelnoten**
Das Raster der zugrundeliegenden Rhythmik: **Sechzehntelnoten**

Foto © Marco Hammer

Kapitel 3

Fills in Achteltriolen

Fills in Achteltriolen 1 (2er- & 3er-Gruppen)

In diesem Kapitel geht es um verschiedene Möglichkeiten, Fills in Achteltriolen zu spielen.

> **Übetipp:**
>
> Da die Fills nun auf Achteltriolen basieren, sollten deine Grooves dies auch tun.
> Kombiniere die folgenden Fills also mit einem Shuffle-Groove und zähle dazu laut den Viertel-Puls, insbesondere während der Fills.
>
>

Wir beginnen mit schon bekannten 2er- & 3er-Gruppen. Zuerst die *2er-Gruppe*.

2er-Gruppe (Ausgangsfigur R L)

Jetzt spielst du die 2er-Gruppe über *einen* Takt, wobei du unbedingt den Akzent beachten musst! In *Zeile 2* siehst du bei jedem Fill die zugrundeliegende Rhythmik.

Achteltriolen-Fill 1.1 (2er-Gruppe über einen Takt | Position 1)

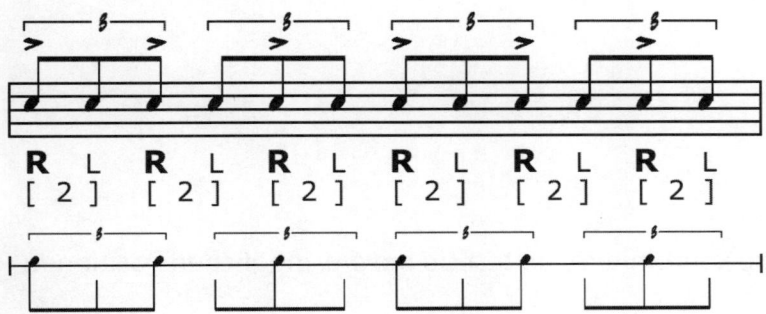

Polyrhythmus 6 über 4:

Wenn du 2er-Gruppen in Achteltriolen spielst und die rechte Hand akzentuierst, hörst du über einen $\frac{4}{4}$-Takt genau sechs Akzente.

Das zugrundeliegende rhythmische Prinzip dieses Fills bezeichnet man entweder als Polyrhythmus **6 über 4**, weil du hier *sechs Akzente* gleichmäßig über einen $\frac{4}{4}$-Takt verteilst, oder man spricht von **Vierteltriolen**.

Da ich die zugrundeliegende Rhythmik der Einfachheit halber immer mit allen relevanten Subdivisions aufgeschrieben habe, sieht man keine Vierteltriolen im Notenbild der *2er-Gruppe (Ausgangsfigur* auf *Seite 47*). Deshalb hier noch mal die zugrundeliegende Rhythmik in der einfachen Schreibweise und als Vierteltriolen untereinander. Rhythmisch ist beides das Gleiche!

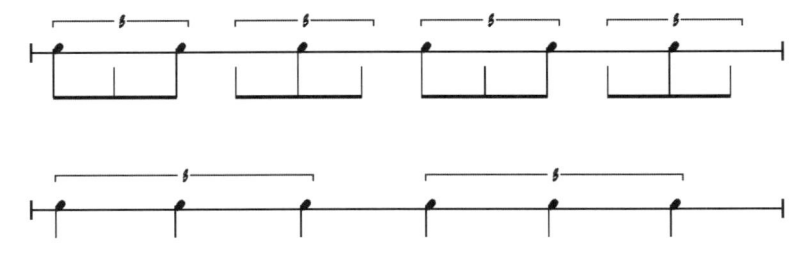

Jetzt verschiebst du die 2er-Gruppe um *eine Triolen-Achtel* nach rechts. Das Fill basiert auch auf dem Prinzip **6 über 4**, nur fängst du jetzt auf dem *zweiten* Triolen-Achtel an.

Die *rechte Hand* spielt weiterhin die Akzente.

Achteltriolen-Fill 1.2 (2er-Gruppe über einen Takt | Position 2)

Da du nun beide möglichen Positionen der 2er-Gruppe gespielt hast, ist es an der Zeit für die *3er-Gruppe*.

Achteltriolen-Fill 1.3 (Ausgangsfigur)

Bevor du die 3er-Gruppe mit der 2er-Gruppe kombinierst, solltest du die *drei* möglichen Positionen der 3er-Gruppe üben:

Kapitel 3 | Fills in Achteltriolen

Achteltriolen-Fill 1.4 (3er-Gruppe über einen Takt | Position 1)

Jetzt verschiebst du die 3er-Gruppe um *eine Triolen-Achtel* nach rechts. Du spielst die *rechte Hand* auf dem *zweiten* Triolen-Achtel. Die Schlagabfolge bleibt **R L F**.

Achteltriolen-Fill 1.5 (3er-Gruppe über einen Takt | Position 2)

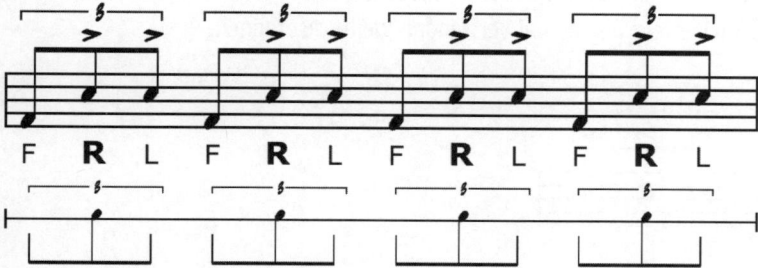

Übetipp:

Ich denke die 3er-Gruppe immer in der Reihenfolge **R L F**. Selbst wenn – wie in *Beispiel 1.5* – die Bass Drum auf der „1" spielt, ist die Reihenfolge für mich weiterhin **R L F**, beginnend auf dem zweiten Triolen Achtel. Meine Denkweise über Gruppen jeglicher Art bleibt unabhängig von der Position im Takt immer gleich.

Zu guter Letzt hier die dritte Position. Die rechte Hand spielt das *dritte* Triolen-Achtel.

Achteltriolen-Fill 1.6 (3er-Gruppe über einen Takt | Position 3)

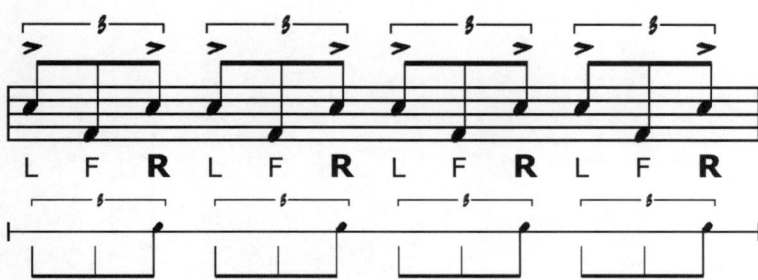

Nun kombinierst du 2er- und 3er-Gruppen zuerst in *eintaktigen* Fills.

Achteltriolen-Fill 1.7 (2er- & 3er-Gruppen Kombination 1)

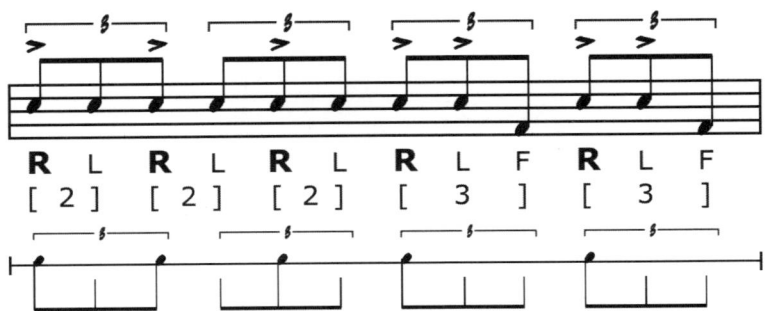

Auch bei den triolischen Fills ist es unverzichtbar, die zugrundeliegende Rhythmik (Achteltriolen) immer mitzuhören.

Hier zwei Möglichkeiten, wie du dir die Rhythmik klarmachen kannst anhand von *Beispiel 1.7*:

1. Du spielst in Takt 1 das Fill und in Takt 2 die Rhythmik auf der Snare. Dazu spielst du Achteltriolen mit Singles und betonst die Rhythmik. Gleichzeitig spielst mit der getretenen HiHat den Viertel-Puls, um das Verständnis weiter zu erhöhen.

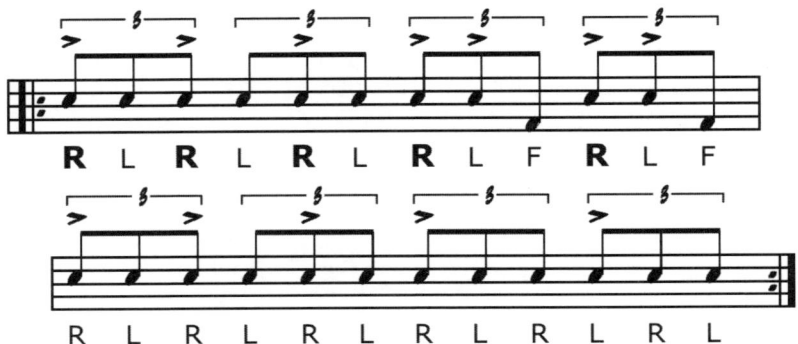

2. Du spielst in Takt 1 das Fill und in Takt 2 einen Groove mit der zugrundeliegenden Rhythmik als Bass Drum-Figur:

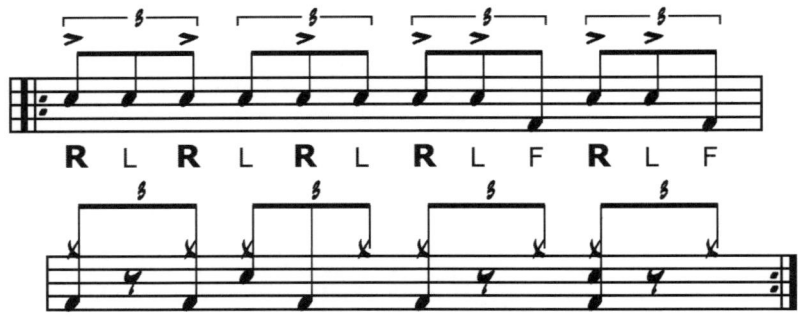

Kapitel 3 | Fills in Achteltriolen

Hier weitere Kombinationen aus 2er- und 3er-Gruppen.

Achteltriolen-Fill 1.8 (2er- & 3er-Gruppen Kombination 2)

Achteltriolen-Fill 1.9 (2er- & 3er-Gruppen Kombination 3)

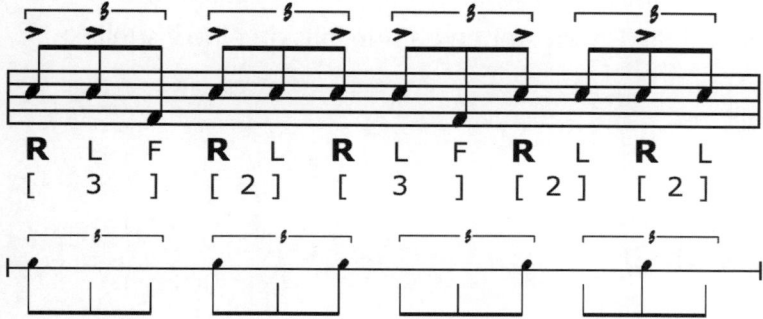

Achteltriolen-Fill 1.10 (2er- & 3er-Gruppen Kombination 4)

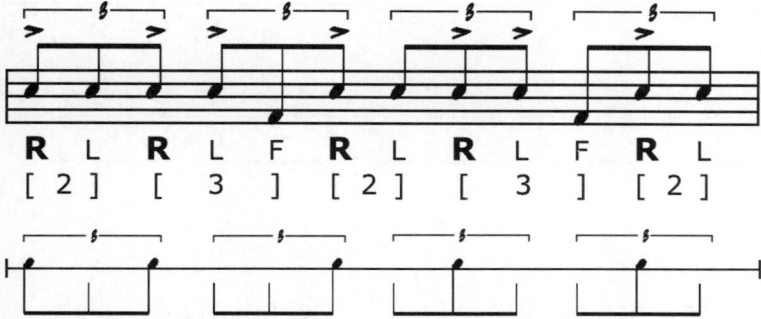

Bei den folgenden *zweitaktigen* Kombinationen sind die 2er-Gruppen **grau** markiert.

Achteltriolen-Fill 1.11 (Zweitaktige Kombination 1) — CD 17

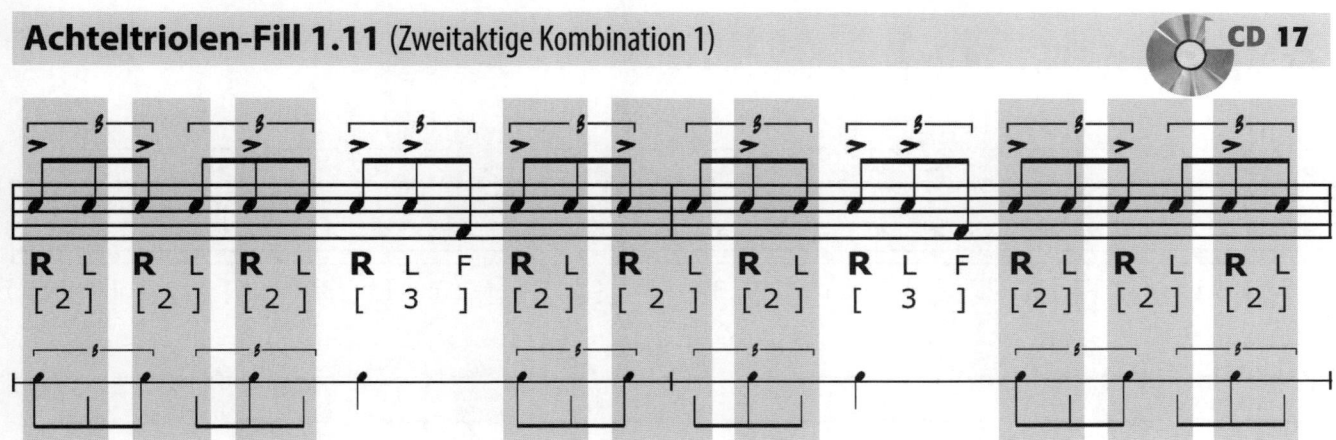

Achteltriolen-Fill 1.12 (Zweitaktige Kombination 2)

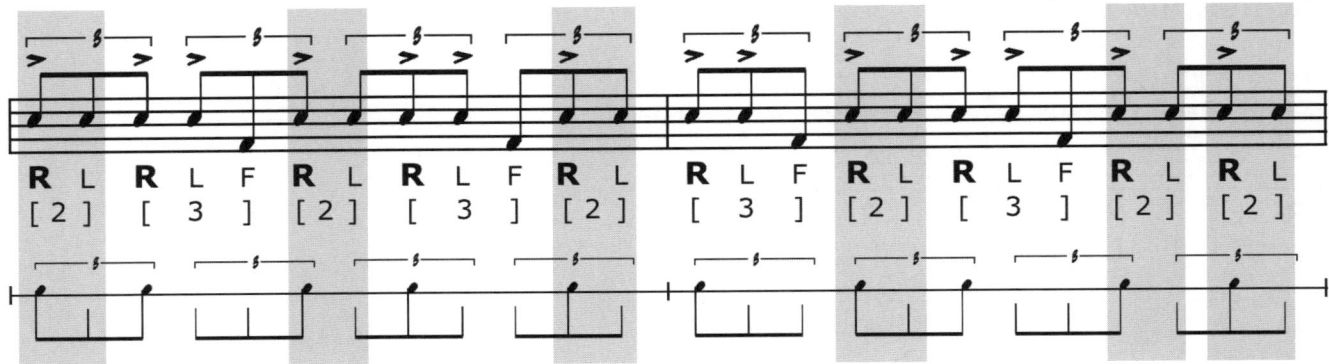

Spiele die nächsten beiden Fills nur anhand der Zahlen (in *eckigen Klammern* unter den Noten), um dich langsam von den Noten zu lösen.

Den Handsatz habe ich bereits weggelassen, und die Noten stehen da nur, falls du eine visuelle Kontrolle brauchst:

[2] = R L

[3] = R L F

Achteltriolen-Fill 1.13 (Zweitaktige Kombination 3)

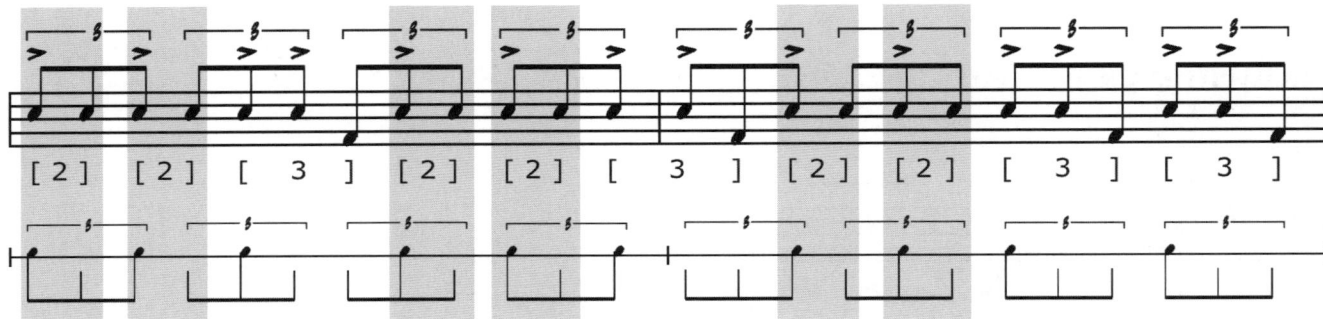

Das (+1) im folgenden *Beispiel 1.14* bedeutet, dass noch ein Schlag fehlt, bis beide Takte komplett sind. Spiele den letzten Schlag mit der linken Hand. Dann kannst du mit deiner rechten Hand die „1" nach dem Fill spielen.

Achteltriolen-Fill 1.14 (Zweitaktige Kombination 4)

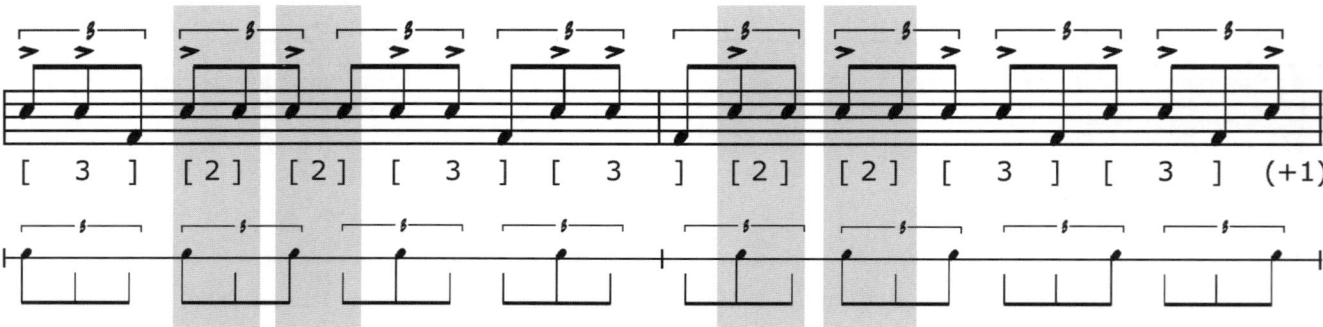

Kapitel 3 | Fills in Achteltriolen

Jetzt solltest du weitere Kombinationen üben, um absolut sicher im Umgang mit 3er- & 2er-Gruppen zu werden. Die Handsätze sind bekannt, das Prinzip ist bekannt. Es geht jetzt nur noch um das Üben verschiedener Kombinationen. Dazu reicht es, wenn du mit Platzhaltern (den Zahlen „3" und „2") arbeitest). Die folgenden vier Kombinationen aus 3er- & 2er-Gruppen repräsentieren je ein zweitaktiges Fill im $\frac{4}{4}$-Takt. In der jeweils zweiten Zeile siehst du die Zählzeiten zur besseren Orientierung.

Achteltriolen-Fill 1.15 (Zweitaktige Kombination 5)

2			3			2			2			3			2			3			3			2			2		
1	+	d	2	+	d	3	+	d	4	+	d	1	+	d	2	+	d	3	+	d	4	+	d

Achteltriolen-Fill 1.16 (Zweitaktige Kombination 6)

2			2			3			2			3			3			2			3			2			2		
1	+	d	2	+	d	3	+	d	4	+	d	1	+	d	2	+	d	3	+	d	4	+	d

Beim folgenden *Beispiel 1.17* siehst du am Ende **+1**. Hier spielst du die *linke Hand*.

Achteltriolen-Fill 1.17 (Zweitaktige Kombination 7)

3			2			3			2			2			3			2			3			3			+1
1	+	d	2	+	d	3	+	d	4	+	d	1	+	d	2	+	d	3	+	d	4	+	d

Achteltriolen-Fill 1.18 (Zweitaktige Kombination 8)

2			3			3			2			3			3			2			3			3		
1	+	d	2	+	d	3	+	d	4	+	d	1	+	d	2	+	d	3	+	d	4	+	d

Das Prinzip:

Wir spielen *3er- & 2er-Gruppen* in Achteltriolen. Durch die Kombination mit 2er-Gruppen spielst du die 3er-Gruppe auf allen *drei Positionen*.

Subdivision des Fills: **Achteltriolen**
Das Raster der zugrundeliegenden Rhythmik: **Achteltriolen**

Fills in Achteltriolen 2 (4er- & 3er-Gruppen)

Das Thema Triolen enthält *zwei Polyrhythmen*, die du unbedingt kennen solltest. Den ersten Polyrhythmus hast du schon kennengelernt: **6 über 4** (*siehe Seite 48*).

Der *zweite* Polyrhythmus entsteht, wenn du **4er-Gruppen in Triolen** spielst. Wir benutzen dafür eine 4er-Gruppe, die du bereits kennst:

4er-Gruppe (Ausgangsfigur)

Achte darauf, dass du die beiden unakzentuierten Noten in der linken Hand leise spielst. Der Bass Drum-Schlag am Ende sollte etwa so laut wie der Akzent am Anfang sein.

Jetzt spielst du die 4er-Gruppe über *einen* Takt. In Zeile 2 siehst du die zugrundeliegende Rhythmik.

Achteltriolen-Fill 2.1 (4er-Gruppe über einen Takt | Position 1)

CD 19

Polyrhythmus 3 über 4:

Wenn du 4er-Gruppen in Achteltriolen spielst, hast du in einem $\frac{4}{4}$-Takt genau *drei* Akzente.

Das zugrundeliegende rhythmische Prinzip dieses Fills bezeichnet man entweder als Polyrhythmus **3 über 4**, weil du hier drei Akzente gleichmäßig über einen $\frac{4}{4}$-Takt verteilst, oder man spricht von *Halbetriolen*.

Da ich die zugrundeliegende Rhythmik der Einfachheit halber immer mit allen relevanten Subdivisions aufgeschrieben habe, sieht man keine Halbetriolen im Notenbild. Deshalb hier noch mal die zugrundeliegende Rhythmik in der einfachen Schreibweise und als Halbetriolen untereinander. Rhythmisch ist beides das Gleiche!

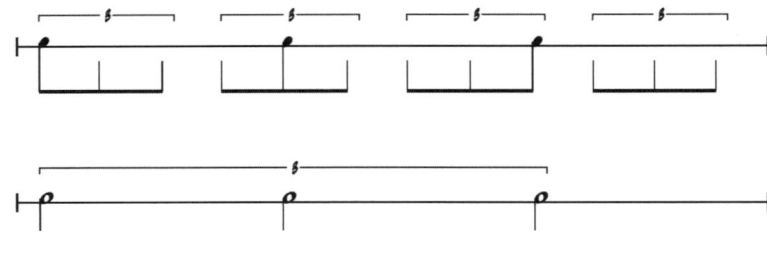

Kapitel 3 | Fills in Achteltriolen

Bei einer 4er-Gruppe gibt es – der Name sagt es bereits – vier verschiedene Positionen.
Hier *Position 2*. Die 4er-Gruppe ist *eine* Triolen-Achtel weiter nach rechts gerückt.

Achteltriolen-Fill 2.2 (4er-Gruppe über einen Takt | Position 2)

... und *noch eine* Triolen-Achtel weiter nach rechts ...

Achteltriolen-Fill 2.3 (4er-Gruppe über einen Takt | Position 3)

Die vierte und letzte Position siehst du in *Beispiel 2.4*.

Achteltriolen-Fill 2.4 (4er-Gruppe über einen Takt | Position 4)

Jetzt kombinierst du 4er- mit 3er-Gruppen.
Auch die 3er-Gruppe ist bereits bekannt. Wir nehmen die Schlagabfolge **R L F**.
Beide Hände sind akzentuiert.

3er-Gruppe (Ausgangsfigur)

Innerhalb der folgenden *dreitaktigen* Vorübung kommen alle Positionen der 3er-Gruppe vor. Die 4er-Gruppen sind **grau** markiert. Die rhythmische Grundstruktur siehst du in der 2. Zeile.

Achteltriolen-Fill 2.5 (Vorübung über 3 Takte)

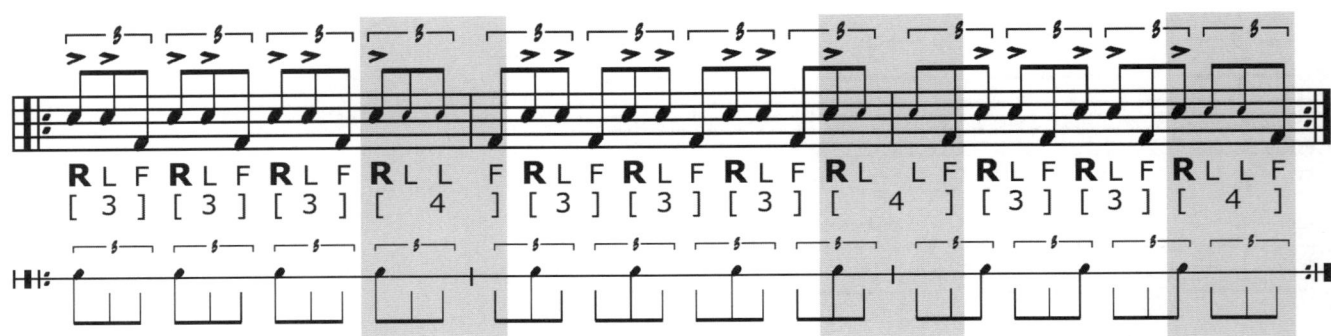

Es folgen acht zweitaktige Kombinationen aus 3er- & 4er-Gruppen.

Achteltriolen-Fill 2.6 (4er- & 3er-Gruppen Kombination 1)

CD 20

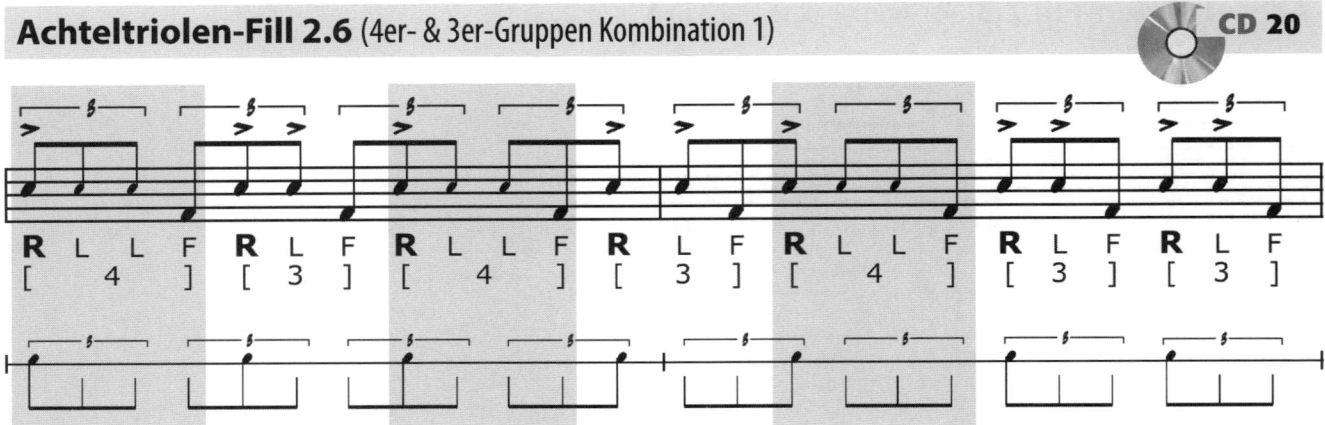

Achteltriolen-Fill 2.7 (4er- & 3er-Gruppen Kombination 2)

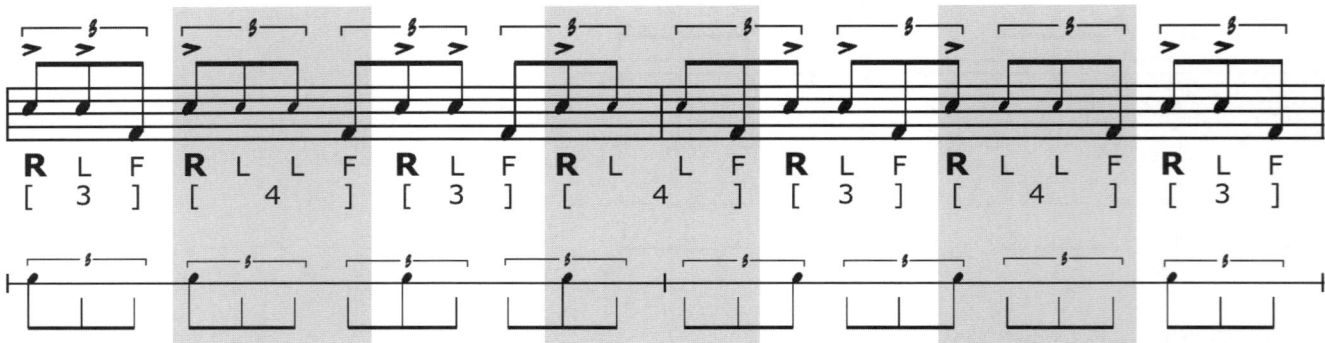

Querverweis:
Im *Anhang*, auf der *Seite 134* findest du eine Snareübung, bei der ebenfalls 4er- mit 3er-Gruppen kombiniert werden. Auch hier ist das Ziel die Vertiefung der rhythmischen Grundidee. Es bietet sich an, Snareübung und Fills parallel zu üben.

Kapitel 3 | Fills in Achteltriolen

Versuche die nächsten beiden Fills nur anhand der Zahlen (in *eckigen Klammern* unter den Noten) zu spielen, um dich von den Noten zu lösen.

Den Handsatz habe ich bei den nächsten beiden Fills weggelassen. Die Noten stehen zwar noch da, dienen aber nur einer eventuell nötigen visuellen Kontrolle.

[4] = R L L F
[3] = R L F

Achteltriolen-Fill 2.8 (4er- & 3er-Gruppen Kombination 3)

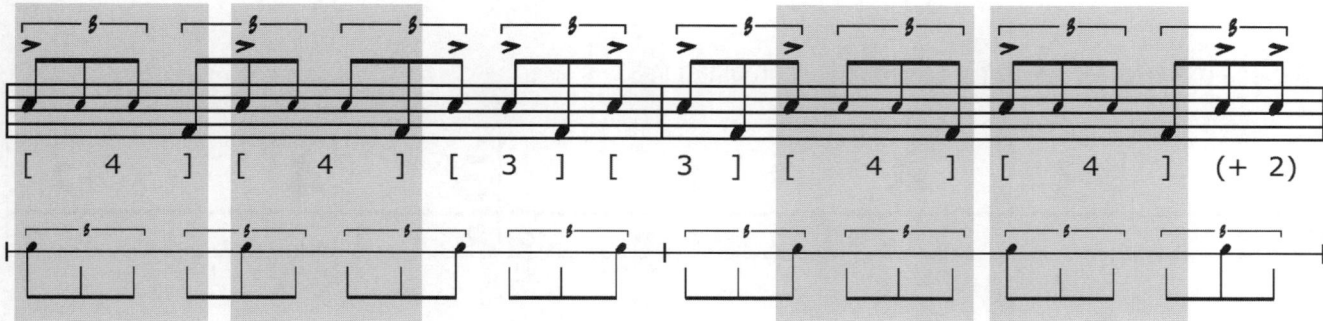

Achteltriolen-Fill 2.9 (4er- & 3er-Gruppen Kombination 4)

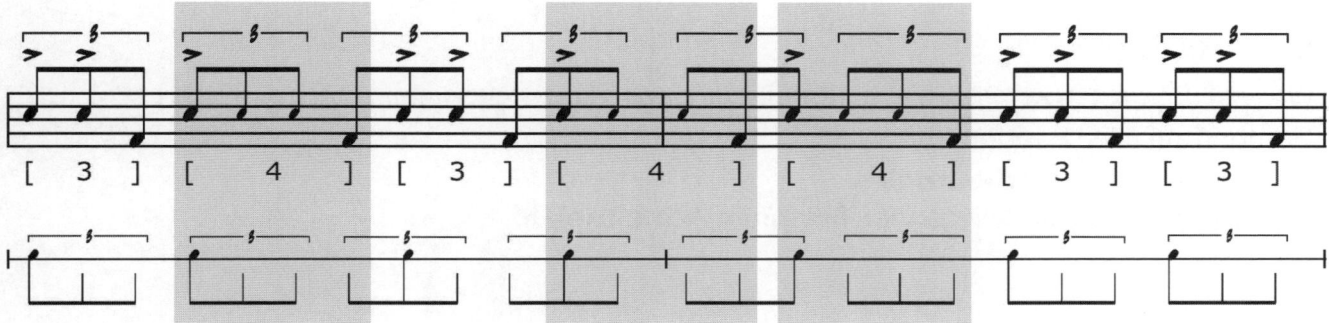

Um rhythmisch absolut sicher im Umgang mit 4er- & 3er-Gruppen zu werden, solltest du weitere Kombinationen üben. Da die Handsätze mittlerweile bekannt sind, geht es jetzt nur noch um das Üben verschiedener Kombinationen. Dazu reicht es, wenn du mit Platzhaltern (den Zahlen „4" und „3") arbeitest. Die folgenden vier Kombinationen aus 4er- & 3er-Gruppen repräsentieren je ein *zweitaktiges* Fill im $\frac{4}{4}$-Takt. Wie immer siehst du in der jeweils zweiten Zeile die Zählzeiten zur besseren Orientierung.

Achteltriolen-Fill 2.10 (Zweitaktige Kombination 5)

3			4			3			3			4			3			4		
1	+	d	2	+	d	3	+	d	4	+	d	1	+	d	2	+	d	3	+	d	4	+	d

Achteltriolen-Fill 2.11 (Zweitaktige Kombination 6)

3			3			4			3			3			4			4		
1	+	d	2	+	d	3	+	d	4	+	d	1	+	d	2	+	d	3	+	d	4	+	d

Bei den folgenden *Beispielen 2.12* und *2.13* siehst du am Ende „+2". Das bedeutet, dass noch zwei Schläge fehlen, bis zwei Takte komplett sind. Hier spielst du einfach **R L** (zwei Achteltriolen).

Achteltriolen-Fill 2.12 (Zweitaktige Kombination 7)

3			4			4			4			3			4			+2	
1	+	d	2	+	d	3	+	d	4	+	d	1	+	d	2	+	d	3	+	d	4	+	d

Achteltriolen-Fill 2.13 (Zweitaktige Kombination 8)

4			3			4			4			3			4			+2	
1	+	d	2	+	d	3	+	d	4	+	d	1	+	d	2	+	d	3	+	d	4	+	d

Tipp zur Orchestrierung:
Bringe die Toms ins Spiel, indem du bei allen 3er-Gruppen mit der rechten Hand das Floor Tom und mit der linken Hand das Hängetom spielst. Die Orchestrierung der 4er-Gruppen bleibt unverändert.

Das Prinzip:

Wir spielen *4er- & 3er-Gruppen* in Achteltriolen. Durch diese Kombination spielst du beide Gruppen auf allen Positionen.

Subdivision des Fills: **Achteltriolen**
Das Raster der zugrundeliegenden Rhythmik: **Achteltriolen**

So geht's weiter:

Jetzt übst du alle *zweitaktigen* Kombinationen anhand unten stehender Übeanleitung.

Dies geht am besten mit **Lesetext 3** (*4er- & 3er-Gruppen in Achteltriolen*). Dort findest du die Übersicht über alle Kombinationen (*Beispiele 2.6–2.13*).

Übeanleitung	
Starttempo:	**Viertel** = 91
Anzahl der Tempi:	4
Anzahl Durchgänge pro Tempo:	2 mal jedes Fill des Lesetextes
Form:	2 Takte Groove + 2 Takte Fill
Laut zählen:	Viertel und „Klick" | bei Bedarf Achteltriolen
Dauer der Übung:	ca. 15 Minuten

Auch dieses rhythmische Konzept (4er- & 3er-Gruppen) lässt sich wunderbar auf andere Schlagabfolgen übertragen.

Zum Beispiel:

Spiele wie bei den 4er- & 3er-Gruppen in Sechzehntelnoten (*vgl. Seite 42*) die 4er-Gruppe mit zwei Bass Drum-Schlägen. Die 3er-Gruppe bleibt gleich.

Kapitel 3 | Fills in Achteltriolen

„Zwei Bass Drum-Schläge" 1 (Ausgangsfiguren)

4er-Gruppe

R L F F

3er-Gruppe

R L F

Jetzt kombinierst du die 4er- & 3er-Gruppen mithilfe von **Lesetext 3** (*4er- & 3er-Gruppen in Achteltriolen*). Hier *Kombination 1* dieses Lesetextes als Basis für das folgende Fill.

4			3			4			3			4			3			3		
1	+	d	2	+	d	3	+	d	4	+	d	1	+	d	2	+	d	3	+	d	4	+	d

„Zwei Bass Drum-Schläge" 2 (Kombination 1 von Lesetext 3) CD 22

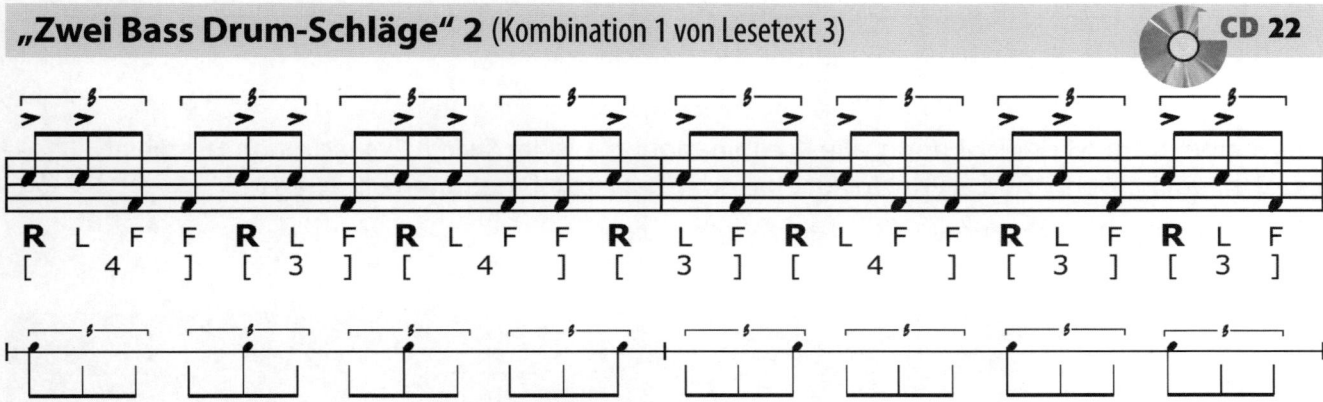

Spiele unbedingt beim Üben der anderen Kombinationen von **Lesetext 3** statt der Snare auch die Toms.

Übeanleitung	
Starttempo:	**Viertel** = 91
Anzahl der Tempi:	4
Anzahl Durchgänge pro Tempo:	2 mal jedes Fill des Lesetextes
Form:	2 Takte Groove + 2 Takte Fill
Laut zählen:	Viertel und „Klick" | bei Bedarf Achteltriolen
Dauer der Übung:	ca. 15 Minuten

Apropos Orchestrierung: Das in *Kapitel 1* auf *Seite 13ff* vorgestellte Orchestrierungskonzept *Switch Orchestration* lässt sich wunderbar auf diese 4er- und 3er-Gruppen übertragen, da die Hände hier Einzelschläge spielen.

Zur Erinnerung:
Bei der *Switch Orchestration* kommen lediglich drei Instrumente zum Einsatz:

Normale Orchestrierung:
Rechte Hand: Floor Tom
Linke Hand: HiHat
Fuß: Bass Drum

Dann passiert Folgendes:
Die rechte und linke Hand tauschen die Instrumente [engl.: „to switch" = tauschen].

Switch Orchestrierung:
Rechte Hand: HiHat
Linke Hand: Floor Tom
Fuß: Bass Drum

Jetzt wendest du den *Switch* wie folgt an:

Zweimal die „normale“ Variante gefolgt von *einmal* Switch und dann wieder von vorne, bis das Fill zu Ende ist (du spielst also jede dritte Gruppe als Switch).

„Zwei Bass Drum-Schläge“ 3 (Kombination 1 von Lesetext 3 | Switch)

www.jostnickel.com Online Video 07

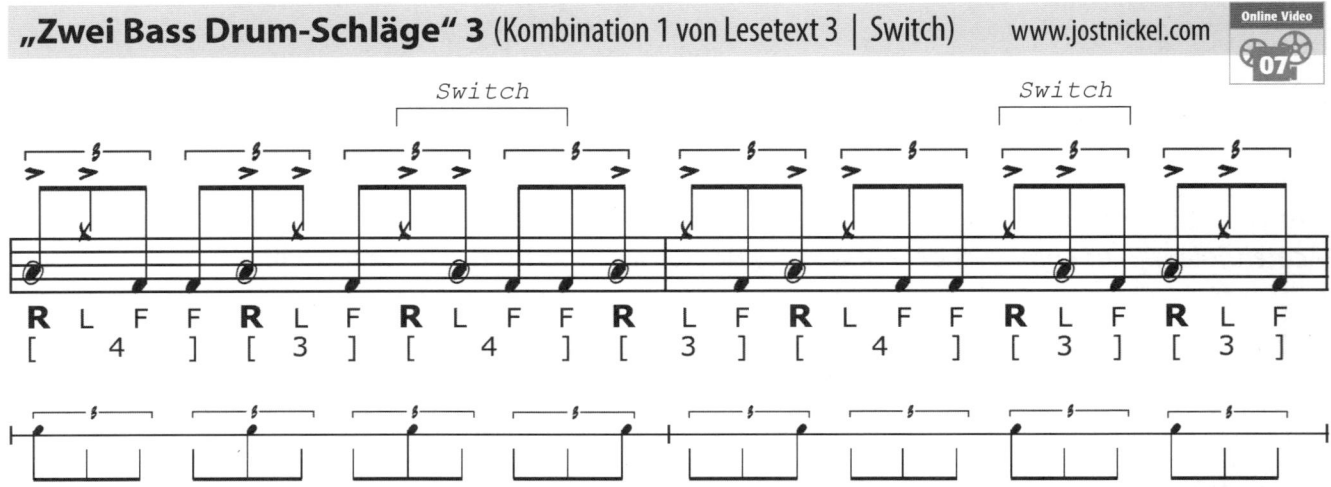

Aus meiner Sicht ist es nicht nötig, alle Kombinationen mit der *Switch Orchestration* zu spielen. Es reicht völlig, wenn du das Prinzip auf eine oder zwei Kombinationen überträgst.

Hier im Buch geht's weiter mit *Fills in Sechzehnteltriolen*.

Foto © Arnd Geise

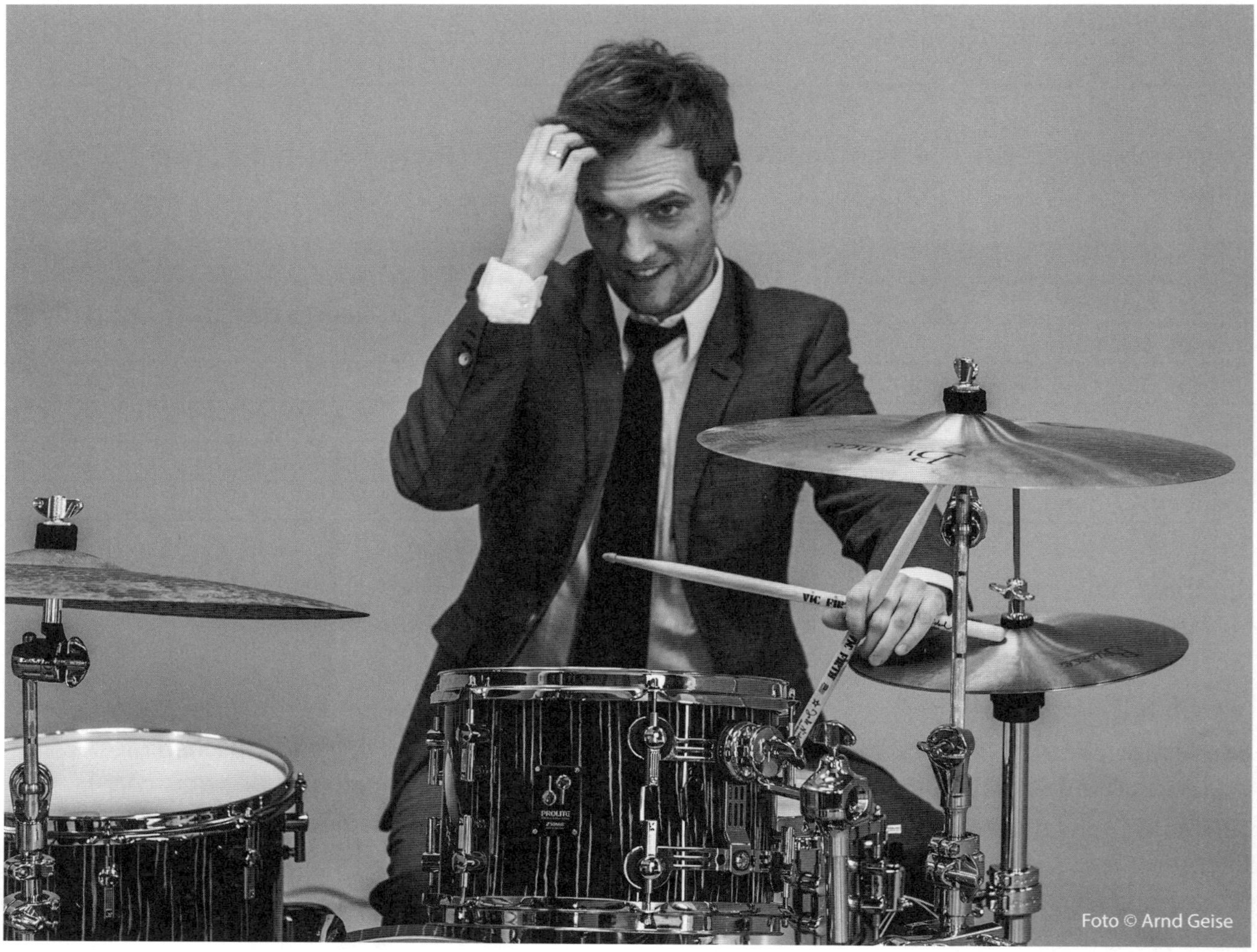

Kapitel 4

Fills in Sechzehnteltriolen

In diesem Kapitel zeige ich dir verschiedene Möglichkeiten, Fills in Sechzehnteltriolen zu spielen.

Fills in Sechzehnteltriolen 1 (6er- & 3er-Gruppen)

Wie zu Beginn von *Kapitel 2* spielst du anfangs eine Figur, die genau *eine Viertelnote* lang ist. In Sechzehnteltriolen sind das sechs Schläge.

Sechzehnteltriolen-Fill 1 (Ausgangsfigur: R L R L L F)

Sechzehnteltriolen-Fill 1.1 (Ausgangsfigur über einen Takt | 6er-Gruppe)

Die Ausgangsfigur heißt ab sofort *6er-Gruppe*.

> **Tipp zur Dynamik:**
> Achte darauf, dass du die beiden unakzentuierten Noten in der linken Hand leise spielst. Der Bass Drum-Schlag am Ende sollte etwa so laut wie die drei Akzente am Anfang sein.

Als Nächstes verschiebst du die 6er-Gruppe um eine Achtel vom Downbeat auf den Offbeat. D. h. die 6er-Gruppe beginnt nun auf dem Achtel-Offbeat (auf „1+") und klingt dadurch in Relation zum Viertel-Puls ganz anders.

Auf der „1" spielst du einen Snareakzent und dann ab der „1+" die 6er-Gruppe.

Sechzehnteltriolen-Fill 1.2 (6er-Gruppe um eine Achtel verschoben)

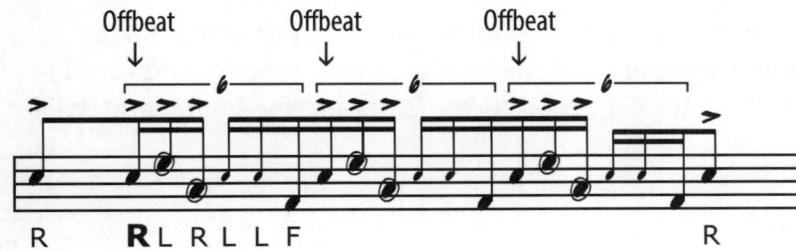

Jetzt fügen wir die *Beispiele 1.1* und *1.2* zu einem *zweitaktigen* Fill zusammen.

Obwohl die Subdivision des Fills Sechzehnteltriolen sind, ist der zugrundeliegende Rhythmus in Achteln. In Zeile 2 siehst du zur Verdeutlichung die Rhythmik des Fills.

Sechzehnteltriolen-Fill 1.3 (Kombination aus den Beispielen 1.1 und 1.2)

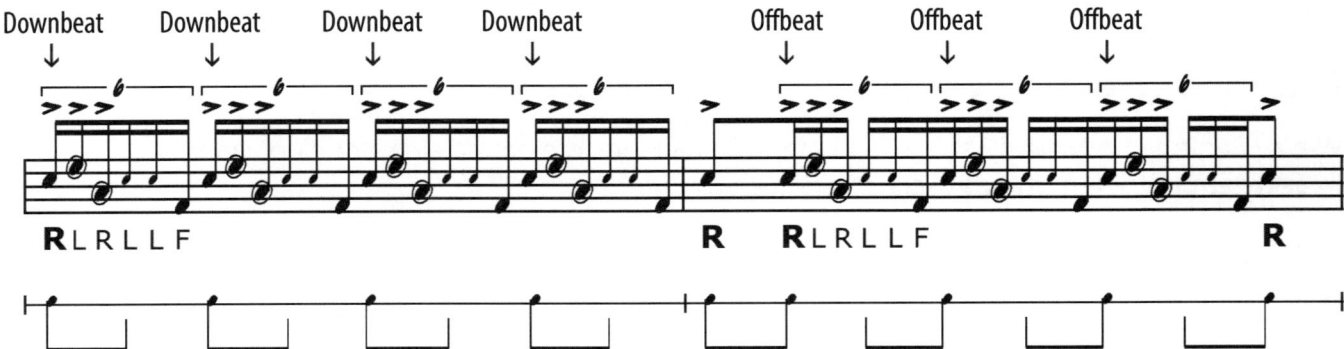

Tipp:

Achtel sind die zugrundeliegende Rhythmik der 6er- und 3er-Gruppen in Sechzehnteltriolen. In *Kapitel 2* (*Seite 31*) ist beschrieben, wie du dir die zugrundeliegende Rhythmik bei Bedarf klarmachen kannst.

Als Nächstes spielst du einen besseren Übergang zwischen den beiden Positionen der Ausgangsfigur. Anstelle der Achtelnote auf der Snare (*siehe Beispiel 1.3*, Takt 2, auf „1" und „4+".) spielst du nun folgende drei Schläge in Sechzehnteltriolen, die zusammen genau eine Achtel lang sind.

Sechzehnteltriolen-Fill 1.4 (R L F)

Beispiel 1.4 ist *drei* Sechzehnteltriolen lang und ist unsere 3er-Gruppe.

Nun fügst du die 3er-Gruppe in das bereits aus *Beispiel 1.3* bekannte zweitaktige Fill ein.

Du startest das Fill mit der 6er-Gruppe auf der „1" (dem *Downbeat*). Auf der „1" des zweiten Taktes spielst du *einmal* die 3er-Gruppe direkt gefolgt von der 6er-Gruppe, die du nun auf dem Offbeat (1+) spielst. Zum Abschluss spielst du auf der „4+" die 3er-Gruppe. Alle 3er-Gruppen sind im folgenden Fill **grau** markiert.

Kapitel 4 | Fills in Sechzehnteltriolen

Sechzehnteltriolen-Fill 1.5 (6er- & 3er-Gruppen Kombination 1)

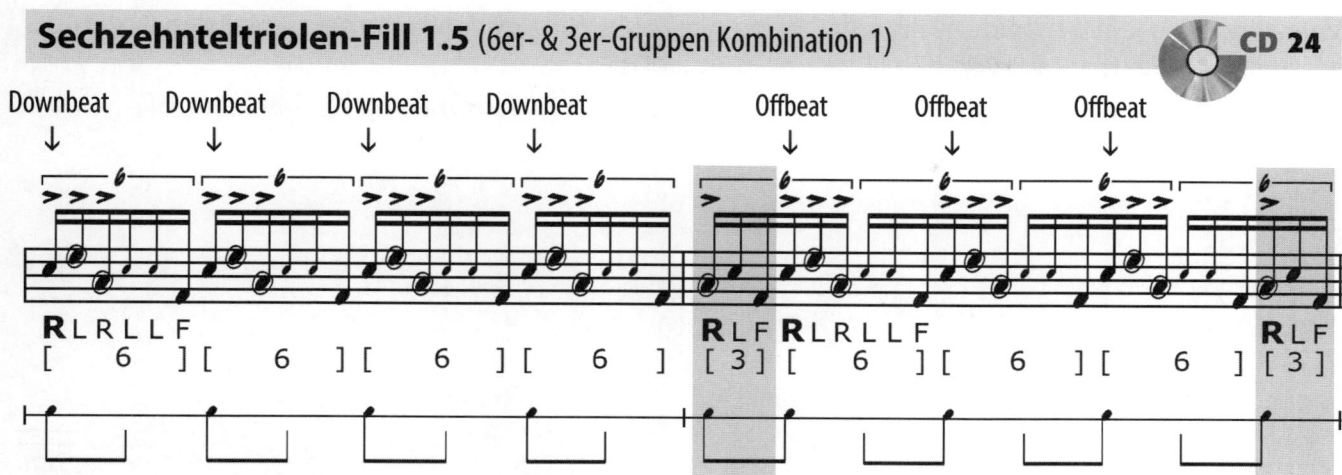

Jetzt spielst du abwechselnd die 6er-Gruppe und die 3er-Gruppe (**grau** markiert). Dadurch wechselt die Position der 6er-Gruppe immer vom Downbeat zum Offbeat und zurück.

Sechzehnteltriolen-Fill 1.6 (6er- & 3er-Gruppen Kombination 2)

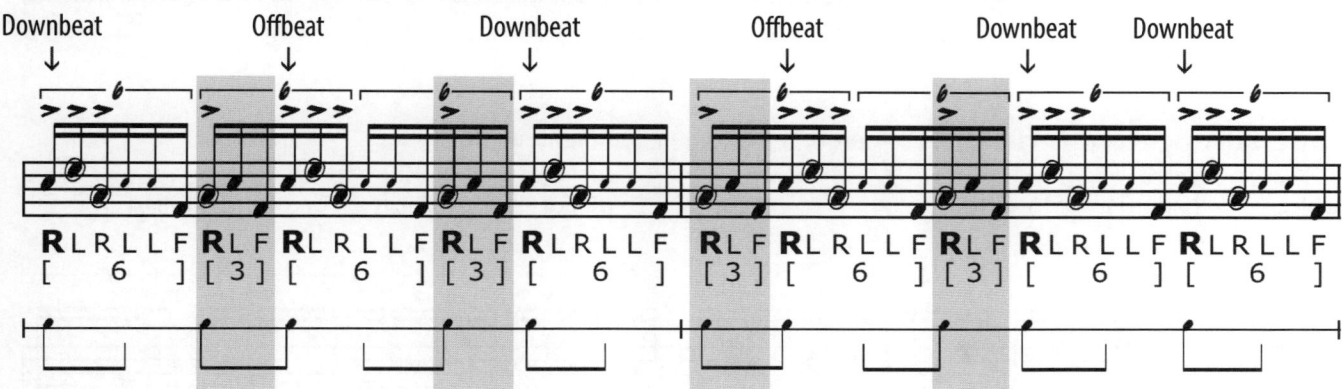

Beispiel 1.7 zeigt eine weitere Möglichkeit, 6er-Gruppen mit 3er-Gruppen (**grau** markiert) zu kombinieren. Hier beginnst du mit der 3er-Gruppe, d. h. die erste 6er-Gruppe startet auf dem Offbeat.

Sechzehnteltriolen-Fill 1.7 (6er- & 3er-Gruppen Kombination 3)

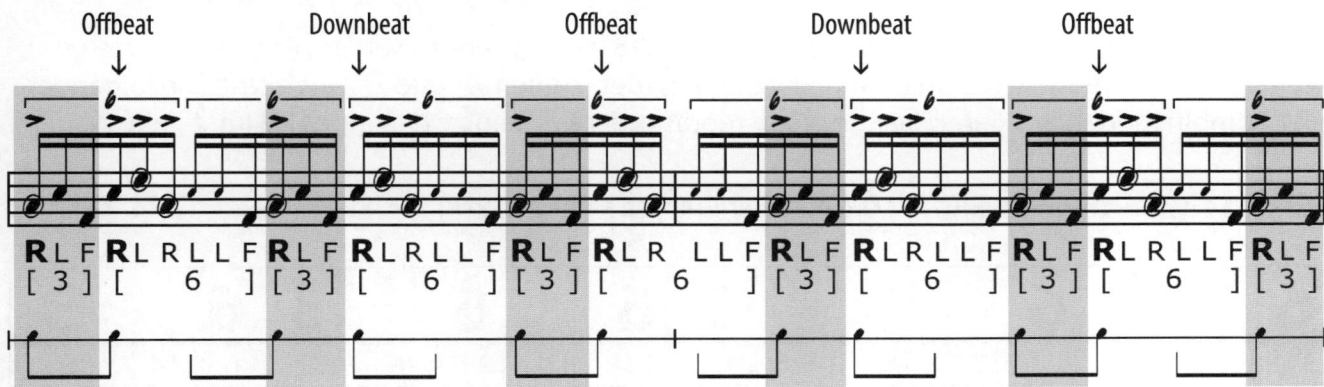

Querverweis:

Zum Thema *6er- & 3er-Gruppen* findest du im *Anhang* eine Snareübung (*siehe Seite 135*). Das Ziel der Snareübung ist die Vertiefung der rhythmischen Grundidee. Es bietet sich an, Snareübung und Fills parallel zu üben.

Versuche die nächsten beiden Fills nur anhand der Zahlen (in *eckigen Klammern* unter den Noten) zu spielen, um dich langsam von den Noten zu lösen.

Den Handsatz habe ich weggelassen. Schau nur auf die Noten, falls du eine visuelle Kontrolle brauchst.

[6] = R L R L L F

[3] = R L F

Sechzehnteltriolen-Fill 1.8 (6er- & 3er-Gruppen Kombination 4)

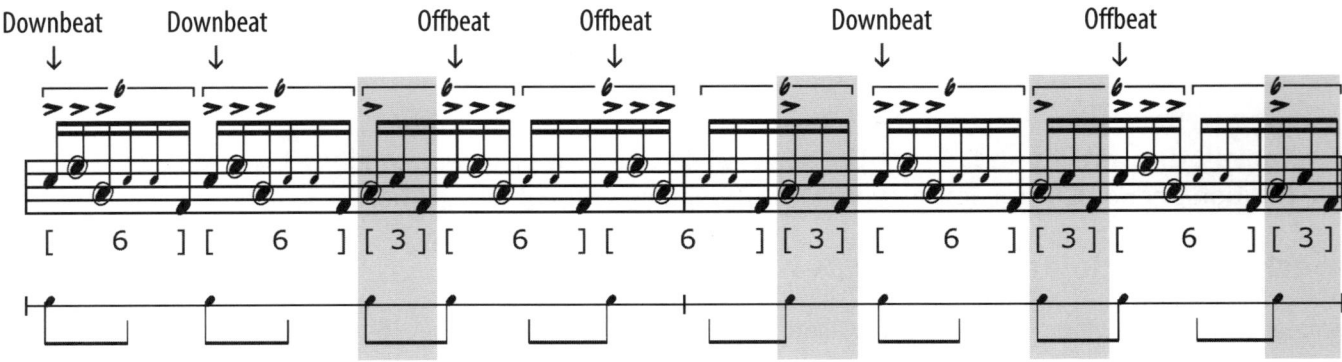

Sechzehnteltriolen-Fill 1.9 (6er- & 3er-Gruppen Kombination 5)

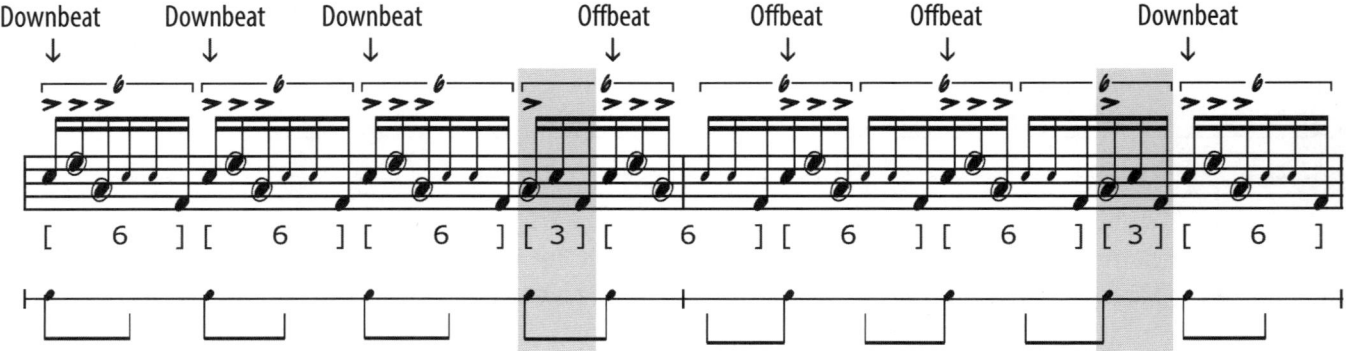

Um rhythmisch absolut sicher im Umgang mit 6er- & 3er-Gruppen zu werden, übst du am besten weitere Kombinationen, indem du mit Platzhaltern (den Zahlen „6" und „3") arbeitest. Die folgenden vier Kombinationen aus 6er- & 3er-Gruppen repräsentieren je ein zweitaktiges Fill im $\frac{4}{4}$-Takt.

Sechzehnteltriolen-Fill 1.10 (6er- & 3er-Gruppen Kombination 6)

CD 25

6	3	6	6	3	6	6	3	6	3
1	+	2	+	3	+	4	+	1	+	2	+	3	+	4	+

Sechzehnteltriolen-Fill 1.11 (6er- & 3er-Gruppen Kombination 7)

3	6	6	6	3	6	6	3	6	3
1	+	2	+	3	+	4	+	1	+	2	+	3	+	4	+

Kapitel 4 | Fills in Sechzehnteltriolen

Sechzehnteltriolen-Fill 1.12 (6er- & 3er-Gruppen Kombination 8)

3	6			3		3	6			3		6		3	6			6			3
1	+	2	+	3	+	4	+	1	+	2	+	3	+	4	+

Sechzehnteltriolen-Fill 1.13 (6er- & 3er-Gruppen Kombination 9)

6				6				3	3	3		6			3	3	6			3	6
1	+	2	+	3	+	4	+	1	+	2	+	3	+	4	+

Das Prinzip:

Wir spielen *6er-Gruppen* in Sechzehnteltriolen. Durch die Kombination mit *3er-Gruppen* wechselt die *6er-Gruppe* immer zwischen Downbeat und Offbeat.

Subdivision des Fills: **Sechzehnteltriolen**

Das Raster der zugrundeliegenden Rhythmik: **Achtelnoten**

So geht's weiter:

Jetzt übst du alle zweitaktigen Kombinationen anhand unten stehender Übeanleitung.

Dies geht am besten mit **Lesetext 4** (*6er- & 3er-Gruppen in Sechzehnteltriolen*). Dort findest du die Übersicht über alle Kombinationen (*Beispiele 1.5 – 1.13*).

Übeanleitung	
Starttempo:	**Viertel** = 60
Anzahl der Tempi:	3
Anzahl Durchgänge pro Tempo:	2 mal jedes Fill des Lesetextes
Form:	2 Takte Groove + 2 Takte Fill
Laut zählen:	Viertel und „Klick"	bei Bedarf Achtel
Dauer der Übung:	ca. 15 Minuten

Übertrage das rhythmische Konzept auf andere Schlagabfolgen wie in folgendem Beispiel.

Zum Beispiel:

Die *6er-Gruppe* besteht nun aus vier akzentuierten Einzelschlägen mit den Händen, gefolgt von zwei Bass Drum-Schlägen am Ende der Figur. Die linke Hand bleibt dabei auf dem Hängetom und die rechte Hand wechselt zwischen Snare und Floortom.

Bei der *3er-Gruppe* spielt die rechte Hand einen Akzent auf dem Floortom, gefolgt von zwei Ghostnotes mit der linken Hand auf der Snare.

Gerade der Gegensatz zwischen den vielen Akzenten der 6er-Gruppe und den Ghostnotes in der 3er-Gruppe lassen das Fill sehr abwechslungsreich klingen.

„Zwei Bass Drum-Schläge" 1 (Ausgangsfiguren)

6er-Gruppe

3er-Gruppe

Jetzt kombinierst du die *6er- & 3er-Gruppen* mithilfe von **Lesetext 4** (*6er- & 3er-Gruppen in Sechzehnteltriolen*). Hier *Kombination 1* dieses Lesetextes als Basis für das folgende Fill.

6	6	6	6	3	6	6	6	3
1 +	2 +	3 +	4 +	1 +	2 +	3 +	4 +	

„Zwei Bass Drum-Schläge" 2 (Kombination 1 von Lesetext 4) CD 26

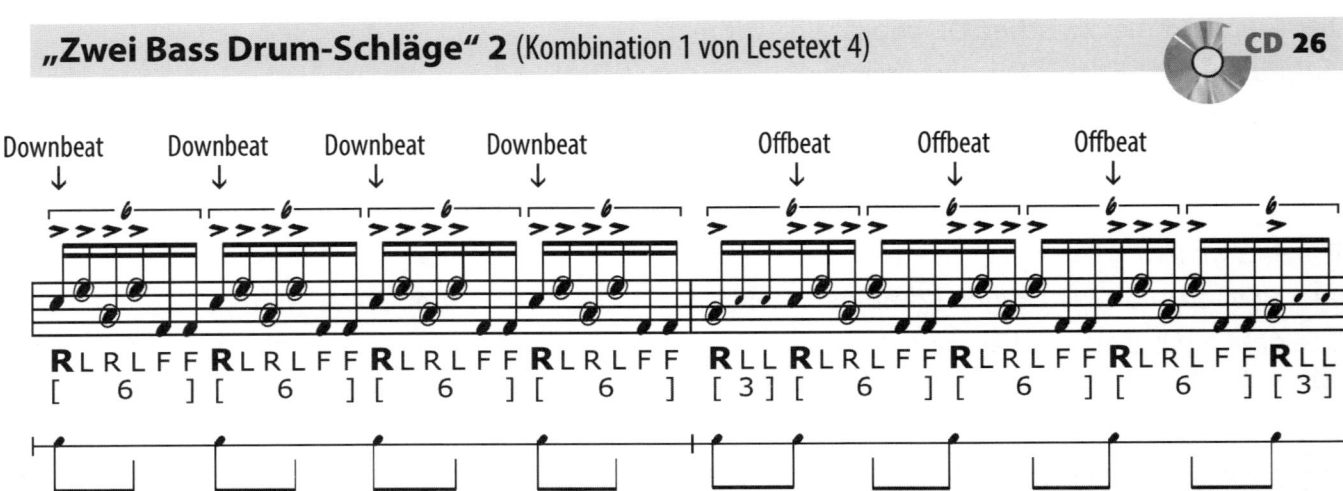

Übeanleitung	
Starttempo:	**Viertel** = 60
Anzahl der Tempi:	3
Anzahl Durchgänge pro Tempo:	2 mal jedes Fill des Lesetextes
Form:	2 Takte Groove + 2 Takte Fill
Laut zählen:	Viertel und „Klick" | bei Bedarf Achtel
Dauer der Übung:	ca. 15 Minuten

Denk dir unbedingt eigene Kombinationen aus!

In diesem Moment solltest du hier im Buch mit den *9er-Gruppen* in Sechzehnteltriolen weitermachen.

Fills in Sechzehnteltriolen 2 (9er-Gruppen)

9er-Gruppen in Sechzehnteltriolen erfreuen sich sehr großer Beliebtheit unter den meisten Schlagzeugern. Wie der Name schon sagt, ist das nächste Fill *neun* Sechzehnteltriolen lang.

Sechzehnteltriolen-Fill 2 (9er-Gruppe – Ausgangsfigur 1)

Jetzt wiederholst du die Ausgangsfigur so oft, dass daraus ein zweitaktiges Fill entsteht. Dadurch dass die Ausgangsfigur neun Sechzehnteltriolen lang ist, wechselt sie automatisch zwischen Downbeat und Offbeat.

In *Zeile 2* siehst du die zugrundeliegende Rhythmik des Fills, die weiterhin aus Achteln besteht. Jeder zweite Durchgang ist **grau** markiert.

Sechzehnteltriolen-Fill 2.1 (9er-Gruppe – Ausgangsfigur 1 über zwei Takte)   CD 27

Um deine Flexibilität im Umgang mit dieser Figur zu fördern, solltest du üben, die 9er-Gruppe auch auf jeder anderen Achtel im Takt zu starten.
Im nächsten Beispiel beginnt die 9er-Gruppe auf der „1+".

Sechzehnteltriolen -Fill 2.2 (9er-Gruppe – Ausgangsfigur 1 startet auf der „1+")

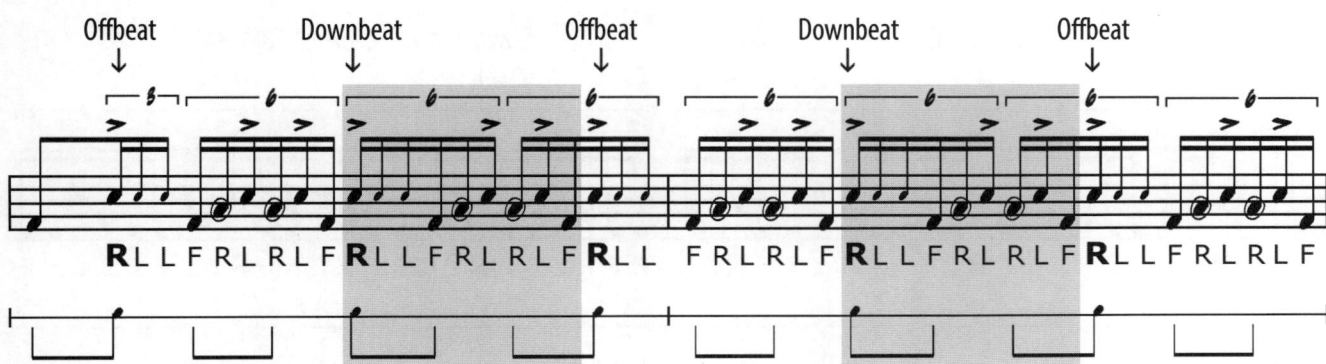

Das Prinzip:

Wir spielen *9er-Gruppen* in Sechzehnteltriolen. Dadurch dass 9er-Gruppen genau *drei* Achtel lang sind, wandern sie immer zwischen Downbeat und Offbeat hin und her.

Subdivision des Fills: **Sechzehnteltriolen**

Das Raster der zugrundeliegenden Rhythmik: **Achtelnoten**

Weil's so schön ist, bleiben wir eine Weile bei den 9er-Gruppen. Hier eine andere Figur mit vielen Bass Drum-Schlägen.

Sechzehnteltriolen-Fill 2.3 (9er-Gruppe – Ausgangsfigur 2)

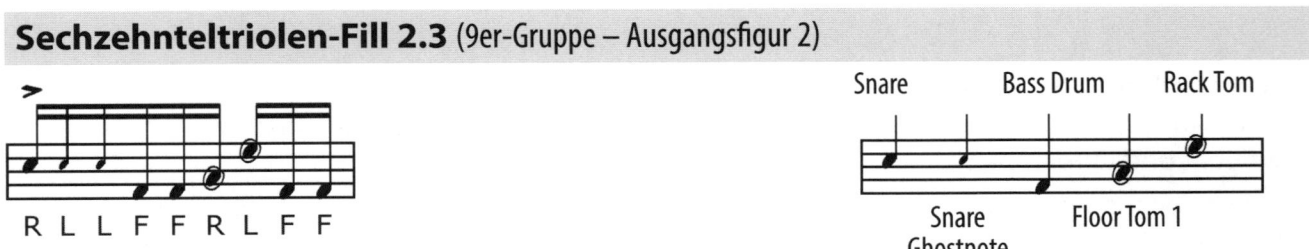

Nach dem Kennenlernen der Ausgangsfigur spielst du sie wieder über zwei Takte. Jeder zweite Durchgang ist **grau** markiert.

Sechzehnteltriolen-Fill 2.4 (9er-Gruppe – Ausgangsfigur 2 über zwei Takte) — CD 28

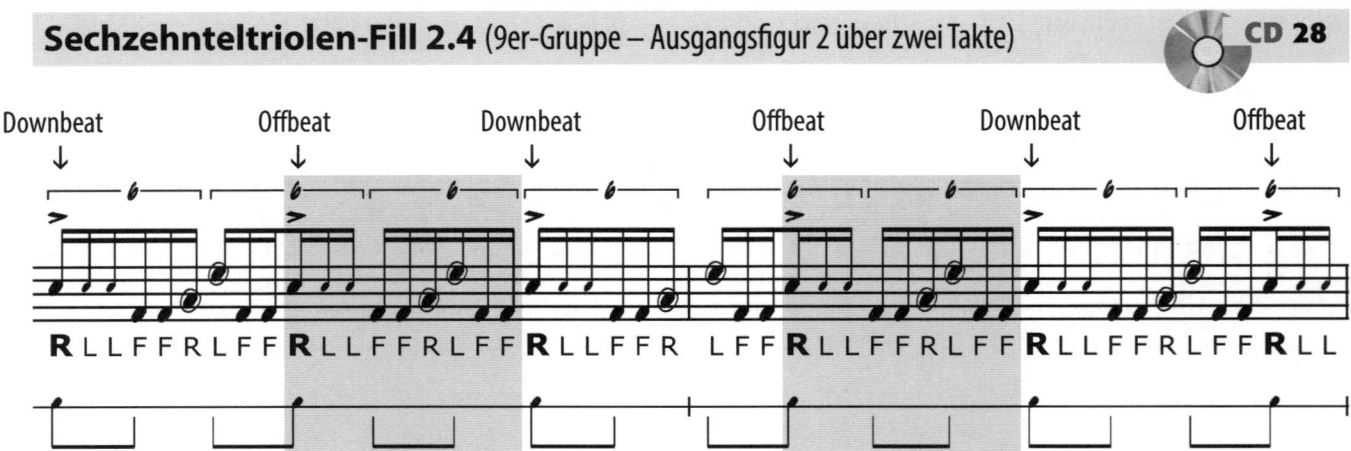

Auch diese 9er-Gruppe startet im folgenden Beispiel auf der „1+".

Sechzehnteltriolen-Fill 2.5 (9er-Gruppe – Ausgangsfigur 2 startet auf der „1+")

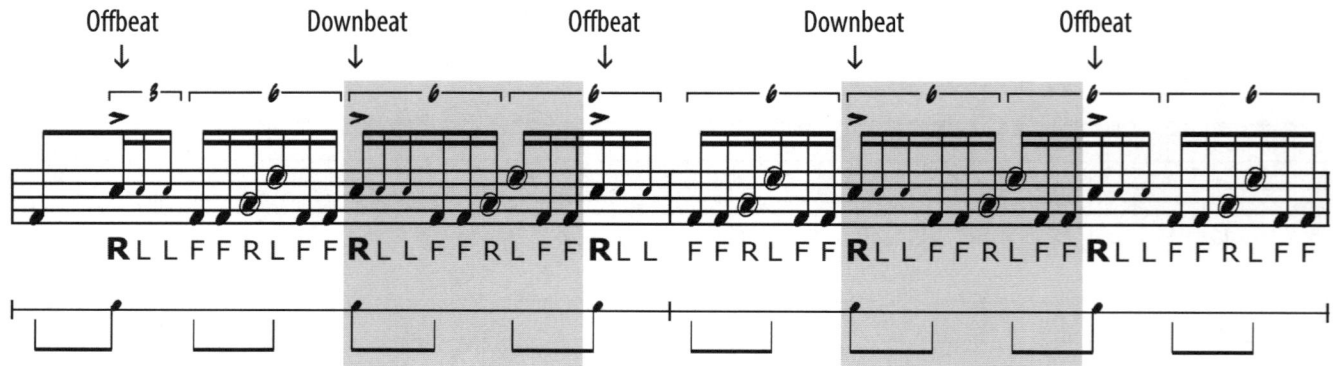

Kapitel 4 | Fills in Sechzehnteltriolen

Um nach dem oben stehenden Fill einen leichten Übergang zurück in den Groove zu ermöglichen, ersetze ich die letzten beiden Bass Drum-Schläge durch die Hände (**R L**). Dann kannst du auf der „**1**" deines Grooves bequem eine Bass Drum spielen.

Als Nächstes eine von mir sehr geliebte 9er-Gruppe, die komplett *ohne Toms* auskommt. Man kann diese Figur sehr schön in einem jazzigen Kontext spielen.

Sechzehnteltriolen-Fill 2.6 (9er-Gruppe – Ausgangsfigur 3)

Auch diese Figur solltest du über zwei Takte spielen.

Sechzehnteltriolen-Fill 2.7 (9er-Gruppe – Ausgangsfigur 3 über zwei Takte)   **CD 29**

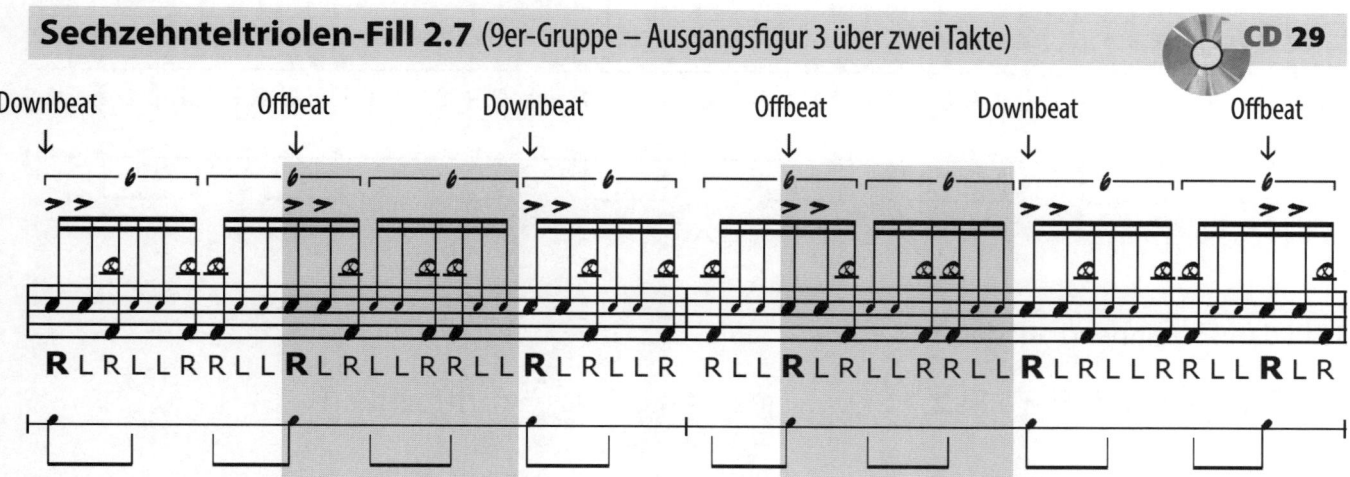

Um nach dem oben stehenden Fill einen leichten Übergang zurück in den Groove zu ermöglichen, spiele ich den letzten Schlag des Fills nur mit der Bass Drum (ohne Ride-Becken).

Und jetzt – du ahnst es bereits – beginnt die 9er-Gruppe auf der „**1+**".

Sechzehnteltriolen-Fill 2.8 (9er-Gruppe – Ausgangsfigur 3 startet auf der „1+")

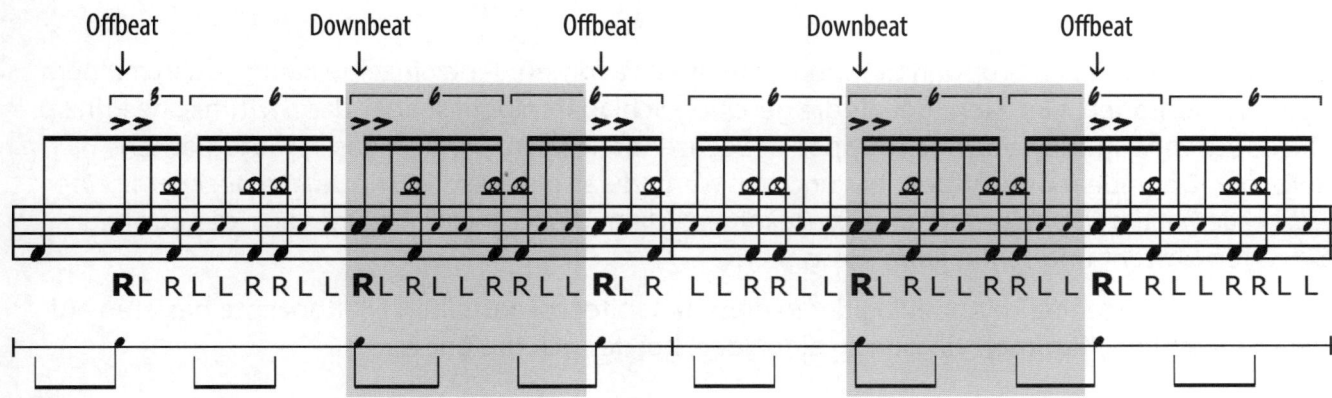

Und hier die vierte und letzte 9er-Gruppe.

Sechzehnteltriolen-Fill 2.9 (9er-Gruppe – Ausgangsfigur 4)

Die Vorgehensweise bleibt die gleiche. Zuerst spielst du die Figur über zwei Takte:

Sechzehnteltriolen-Fill 2.10 (9er-Gruppe – Ausgangsfigur 4 über zwei Takte) CD 30

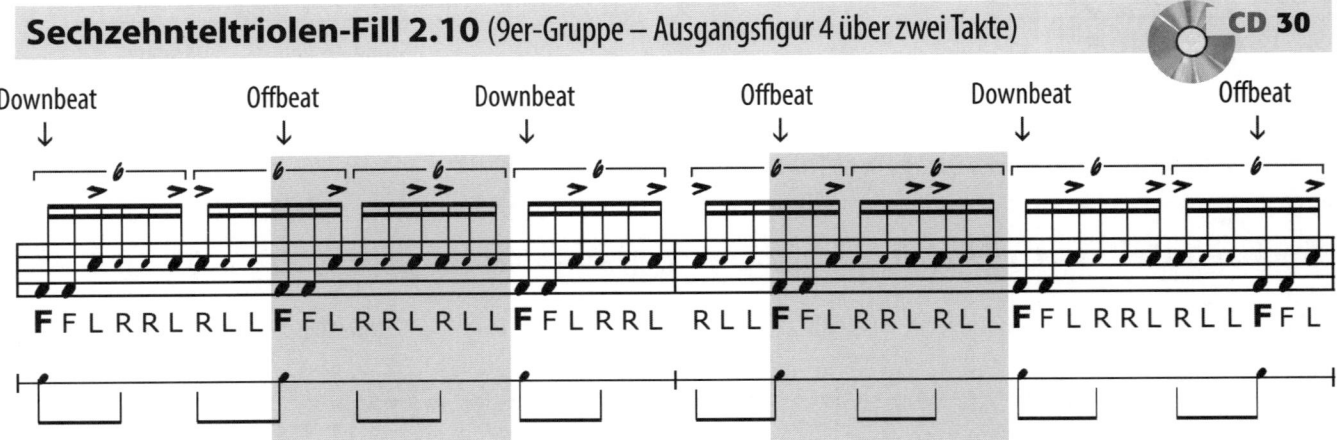

Und dann beginnend auf der „1+".

Sechzehnteltriolen-Fill 2.11 (9er-Gruppe – Ausgangsfigur 4 startet auf der „1+")

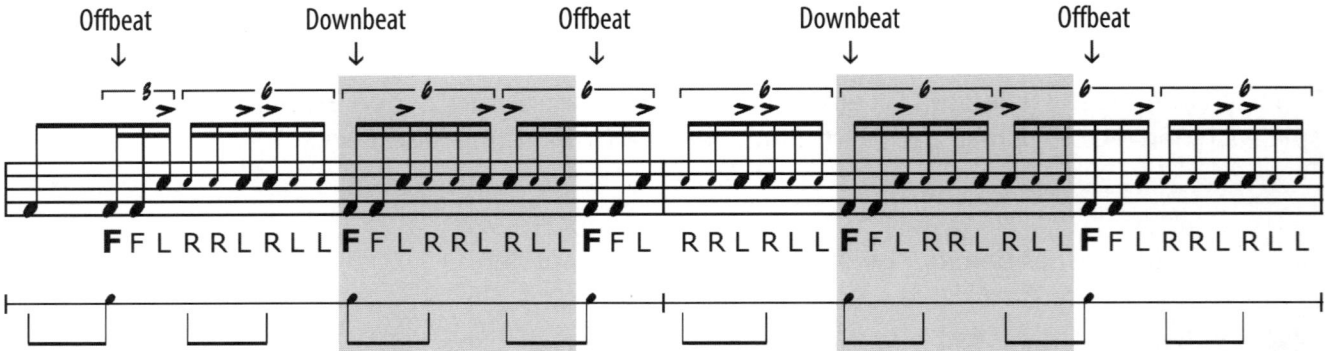

Die hier gezeigten 9er-Gruppen gehören zu meinen Favoriten. Jede einzelne kannst du in meinem Spiel wiederfinden. Viel wichtiger als die genauen Schlagabfolgen ist aber das rhythmische Prinzip. Durch die Verwendung von 9er-Gruppen in Sechzehnteltriolen wandert das Fill automatisch zwischen Downbeat und Offbeat hin und her. Wenn du also denkst: „Ich hätte jetzt aber gerne ein Fill, bei dem mein Doppelpedal zum Einsatz kommt", dann denk dir einfach eines aus, das aus neun Schlägen besteht und schon kann's losgehen.

Die zugrundeliegende Rhythmik beider in diesem Kapitel vorgestellten Fill-Konzepte basieren auf geraden Achteln. Kommen wir nun zu einer Idee, bei der sich das ändert.

Kapitel 4 | Fills in Sechzehnteltriolen

Fills in Sechzehnteltriolen 3 (4er- & 6er-Gruppen)

Ab hier ändert sich die zugrundeliegende Rhythmik der Fills von Achtelnoten zu Achteltriolen. Die Subdivision bleibt unverändert, d.h. die folgenden Fills bestehen weiterhin aus Sechzehnteltriolen. Zuerst eine neue Figur, die vier Schläge lang ist (*4er-Gruppe*).

Sechzehnteltriolen-Fill 3 (Ausgangsfigur)

Übetipp:

Da die Fills nun auf Achteltriolen basieren, sollten deine Grooves dies auch tun.
Kombiniere die folgenden Fills also mit einem Shuffle-Groove und zähle insbesondere während der Fills laut den Viertel-Puls.

Spiele nun also einen Shuffle-Groove über drei Takte und dann die Ausgangsfigur als eintaktiges Fill in Sechzehnteltriolen. In Zeile zwei siehst du die zugrundeliegende Rhythmik.

Sechzehnteltriolen-Fill 3.1 (Ausgangsfigur über einen Takt)

CD 31

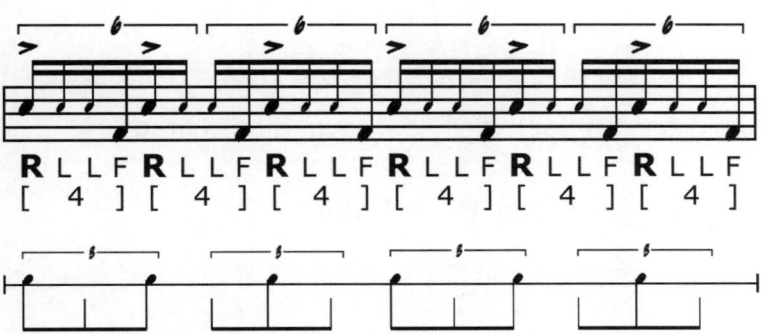

Das zugrundeliegende rhythmische Prinzip dieses Fills sind Vierteltriolen bzw. der Polyrhythmus **6 über 4** (*siehe Erklärung auf Seite 48*). Du spielst sechs gleich verteilte Snareakzente in einem $\frac{4}{4}$-Takt.

Tipp:

Auf Achteltriolen basiert hier die zugrundeliegende Rhythmik.

In *Kapitel 3* (*Seite 50*) ist beschrieben, wie du dir die zugrundeliegende Rhythmik klarmachen kannst.

Das folgende Fill basiert auch auf dem Prinzip **6 über 4**, nur fängst du das Fill jetzt auf dem zweiten Triolen-Achtel an.

Sechzehnteltriolen-Fill 3.2 (Ausgangsfigur über einen Takt / auf dem 2. Triolen-Achtel beginnend)

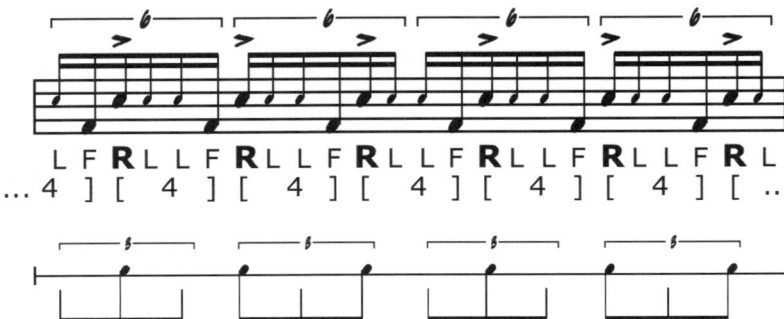

Hier eine leichter spielbare Version des oben stehenden Fills mit einem geänderten Einstieg und einem extra Akzent am Ende (beides **grau** markiert).

Sechzehnteltriolen-Fill 3.3 (Ausgangsfigur über einen Takt / auf dem 2. Triolen-Achtel beginnend)

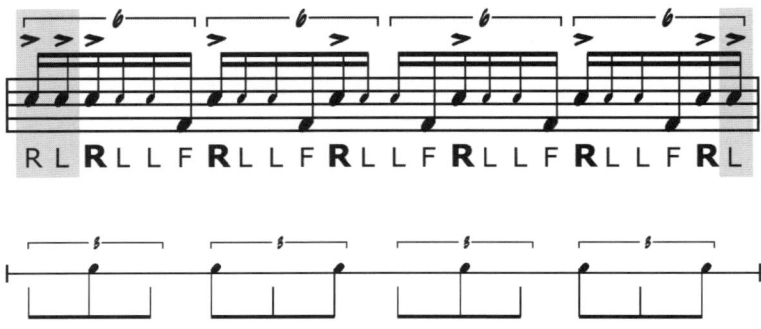

In der Überschrift dieses Kapitels ist ja von 4er- & 6er-Gruppen die Rede. Bevor du dich fragst, wo die *6er-Gruppen* bleiben, hier sind sie.

Dies ist die schon aus verschiedenen Zusammenhängen bekannte 6er-Gruppe.

Sechzehnteltriolen-Fill 3.4 (6er-Gruppe)

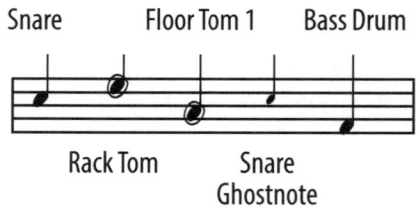

Du hast die 6er-Gruppe bereits gespielt, aber das Fill klingt in einem triolischen Kontext ganz anders. Hier eine Übung, die mir sehr geholfen hat. Die Idee der zweitaktigen Übung ist, dass du dir klarmachst, was die *rechte Hand* genau spielt. Du spielst immer abwechselnd nur die rechte Hand und dann das gesamte Fill.

Sechzehnteltriolen-Fill 3.5 (6er-Gruppe über einen Takt mit Vorübung)

Jetzt verschiebst du oben stehende 6er-Gruppe um eine Triolen-Achtel. Sie beginnt nun auf dem *dritten* Triolen-Achtel.

Sechzehnteltriolen-Fill 3.5.A (6er-Gruppe Position 2 mit Vorübung)

Hier die dritte und letzte Position der 6er-Gruppe beginnend auf dem *zweiten* Triolen-Achtel.

Sechzehnteltriolen-Fill 3.5.B (6er-Gruppe Position 3 mit Vorübung)

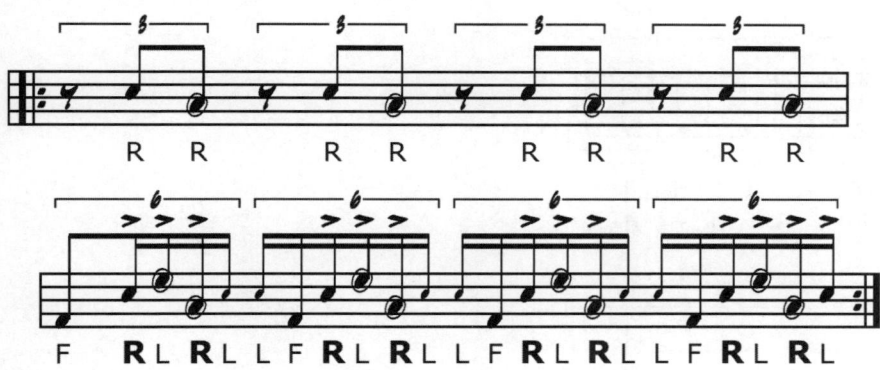

Jetzt kombinierst du 4er- & 6er-Gruppen in *eintaktigen* Fills. In Zeile 2 siehst du bei jedem Fill die zugrundeliegende Rhythmik. Spiele immer *drei* Takte Shuffle-Groove, gefolgt von *einem* Takt Fill.

Sechzehnteltriolen-Fill 3.6 (4er- & 6er-Gruppen Kombination 1)

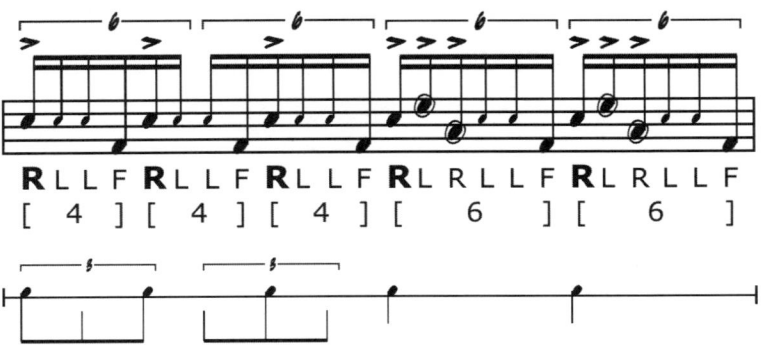

Sechzehnteltriolen-Fill 3.7 (4er- & 6er-Gruppen Kombination 2)

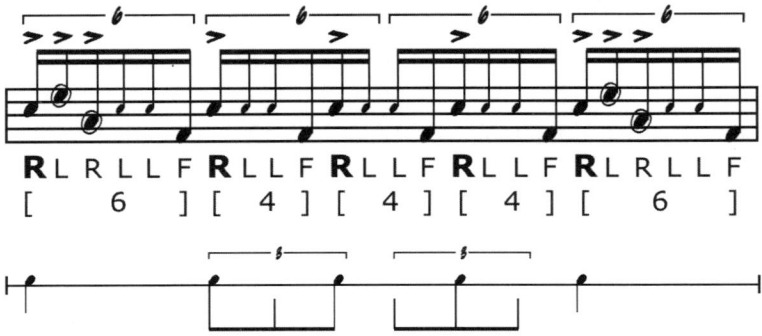

Sechzehnteltriolen-Fill 3.8 (4er- & 6er-Gruppen Kombination 3)

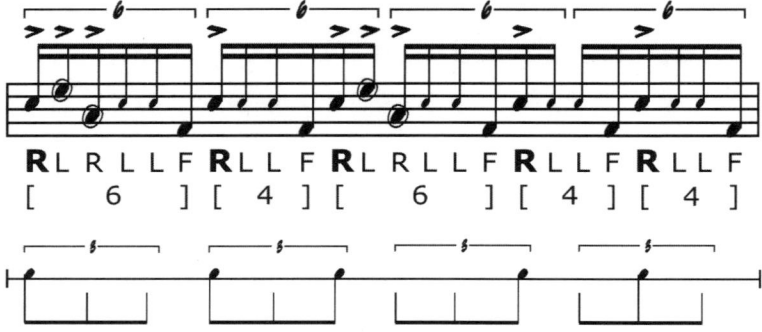

Sechzehnteltriolen-Fill 3.9 (4er- & 6er-Gruppen Kombination 4)

Kapitel 4 | Fills in Sechzehnteltriolen

Bei den folgenden zweitaktigen Kombinationen sind die 4er-Gruppen **grau** markiert.
Spiele ab jetzt *zwei* Takte Shuffle-Groove und *zwei* Takte Fill.

Sechzehnteltriolen-Fill 3.10 (zweitaktige Kombination 1)

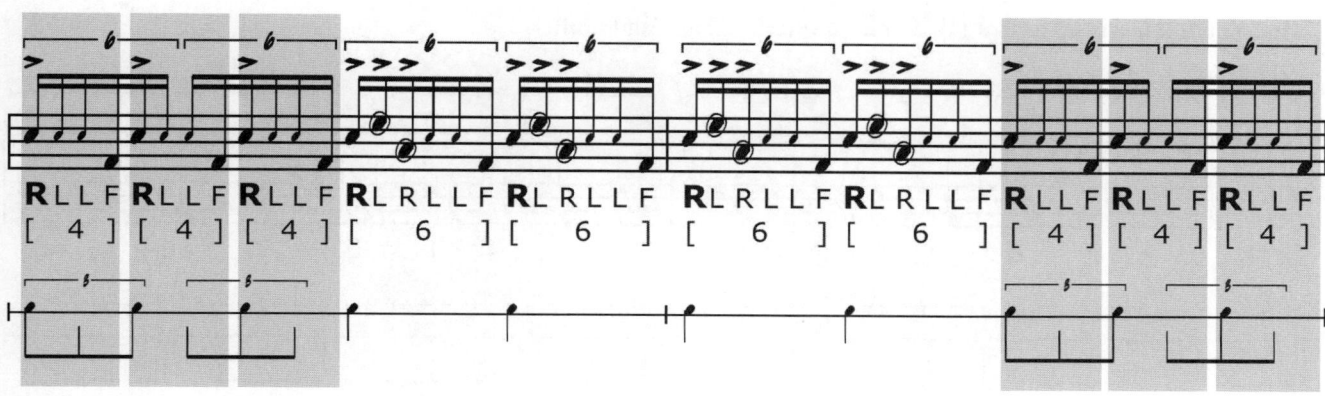

Sechzehnteltriolen-Fill 3.11 (zweitaktige Kombination 2)

CD 33

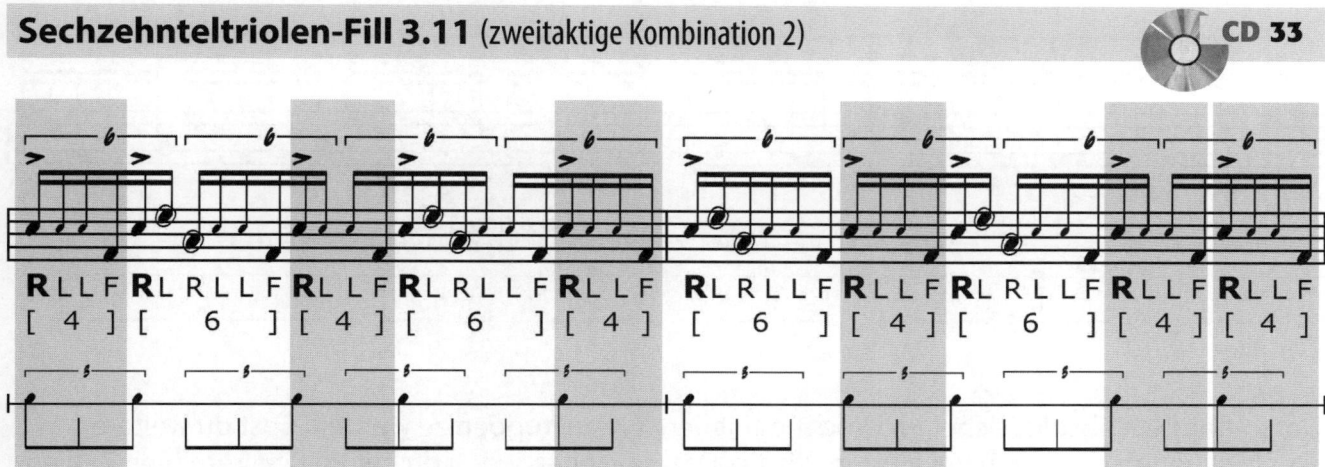

Querverweis:

Zum Thema 6er- & 4er-Gruppen gibt es im Anhang eine Snareübung (*siehe Seite 137*).
Auch hier ist das Ziel die Vertiefung der rhythmischen Grundidee. Es bietet sich an, Snareübung und Fills parallel zu üben.

Spiele die nächsten beiden Fills nur anhand der Zahlen (in *eckigen Klammern* unter den Noten), um die Fills bald auswendig zu spielen.

[6] = R L R L L F
[4] = R L L F

Sechzehnteltriolen-Fill 3.12 (zweitaktige Kombination 3)

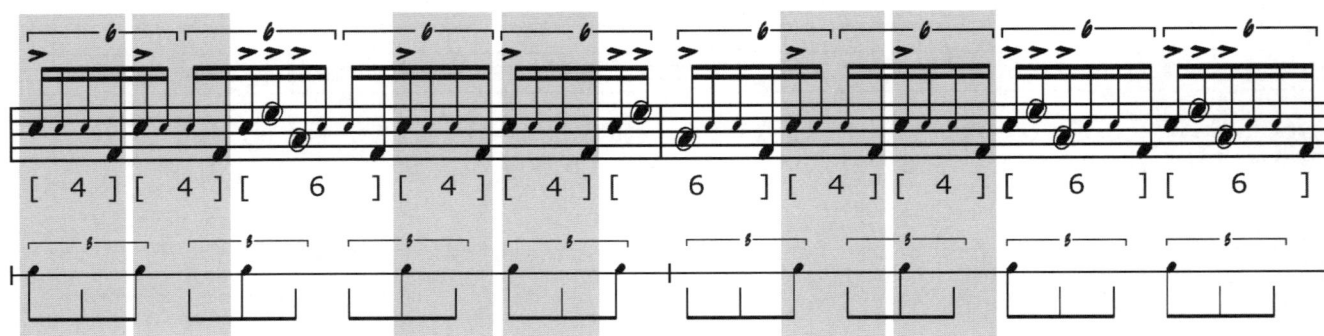

Sechzehnteltriolen-Fill 3.13 (zweitaktige Kombination 4)

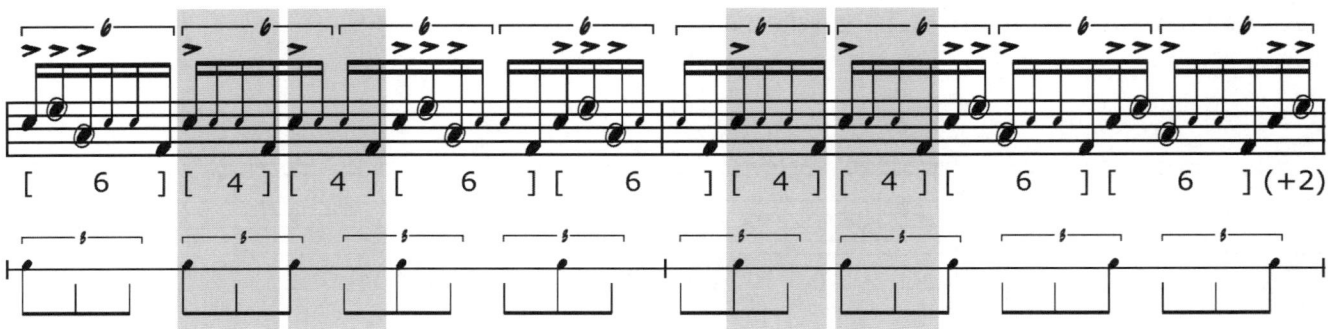

Um rhythmisch absolut sicher im Umgang mit 6er- & 4er-Gruppen zu werden, übst du weitere Kombinationen nach dem bekannten Prinzip. Dazu reicht es, wenn du mit Platzhaltern (den Zahlen „6" und „4") arbeitest. Die folgenden vier Kombinationen aus 6er- & 4er-Gruppen repräsentieren je ein zweitaktiges Fill im $\frac{4}{4}$-Takt.

Sechzehnteltriolen-Fill 3.14 (zweitaktige Kombination 5)

4	6		4		4	6		4	6		6		4	4
1	+	d	2	+	d	3	+	d	4	+	d	1	+	d	2	+	d	3	+	d	4	+	d

Sechzehnteltriolen-Fill 3.15 (zweitaktige Kombination 6)

4		4	6		4	6			6		4	6		4	4
1	+	d	2	+	d	3	+	d	4	+	d	1	+	d	2	+	d	3	+	d	4	+	d

Beim folgenden *Beispiel 3.16* siehst du am Ende „+2". Das bedeutet, dass noch zwei Schläge fehlen, bis beide Takte komplett sind. Hier spielst du einfach **R L** (zwei Sechzehnteltriolen).

Kapitel 4 | Fills in Sechzehnteltriolen

Sechzehnteltriolen-Fill 3.16 (zweitaktige Kombination 7)

6			4		6			4			4		6			4		6		6		+2
1	+	d	2	+	d	3	+	d	4	+	d	1	+	d	2	+	d	3	+	d	4	+	d

Sechzehnteltriolen-Fill 3.17 (zweitaktige Kombination 8)

4		6			6			4		6			6			4		6			6		
1	+	d	2	+	d	3	+	d	4	+	d	1	+	d	2	+	d	3	+	d	4	+	d

Das Prinzip:

Wir spielen *6er- & 4er-Gruppen* in Sechzehnteltriolen. Durch diese Kombination ergeben sich Fills, die auf Achteltriolen basieren.

Subdivision des Fills: **Sechzehnteltriolen**

Das Raster der zugrundeliegenden Rhythmik: **Achteltriolen**

So geht's weiter:

Jetzt übst du alle zweitaktigen Kombinationen anhand unten stehender Übeanleitung.

Dies geht am besten mit **Lesetext 5** (*6er- & 4er-Gruppen in Sechzehnteltriolen*). Dort findest du die Übersicht über alle Kombinationen (*Beispiele 3.10–3.17*).

Übeanleitung	
Starttempo:	**Viertel** = 60
Anzahl der Tempi:	3
Anzahl Durchgänge pro Tempo:	2 mal jedes Fill des Lesetextes
Form:	2 Takte Groove + 2 Takte Fill
Laut zählen:	Viertel und „Klick"	bei Bedarf Achteltriolen
Dauer der Übung:	ca. 15 Minuten

Übertrage auch dieses rhythmische Konzept auf andere Schlagabfolgen wie in folgendem Beispiel. Die *6er-Gruppe* ist die gleiche wie auf *Seite 66*.

Sie besteht aus vier akzentuierten Einzelschlägen mit den Händen, gefolgt von zwei Bass Drum-Schlägen am Ende der Figur. Die linke Hand bleibt dabei auf dem Hängetom und die rechte Hand wechselt zwischen Snare und Floortom.

Dadurch dass du die Figur jetzt abwechselnd mit einem *Shuffle-Groove* spielst, also das Grundgefühl beim Spielen auf Achteltriolen basiert, klingt die Figur anders als in Zusammenhang mit geraden (binären) Grooves.

Die *4er-Gruppe* ist weiterhin **R L L F**.

„Zwei Bass Drum-Schläge" 1 (Ausgangsfiguren)

Jetzt kombinierst du die 6er- und 4er-Gruppen mithilfe von **Lesetext 5** (*6er- & 4er-Gruppen in Sechzehnteltriolen*). Dies ist Kombination 1 dieses Lesetextes als Basis für das folgende Fill.

4	4	4	6	6	6	6	4	4	4
1 + d	2 + d	3 + d	4 + d	1 + d	2 + d	3 + d	4 + d		

„Zwei Bass Drum-Schläge" 2 (Kombination 1 von Lesetext 5) — CD 35

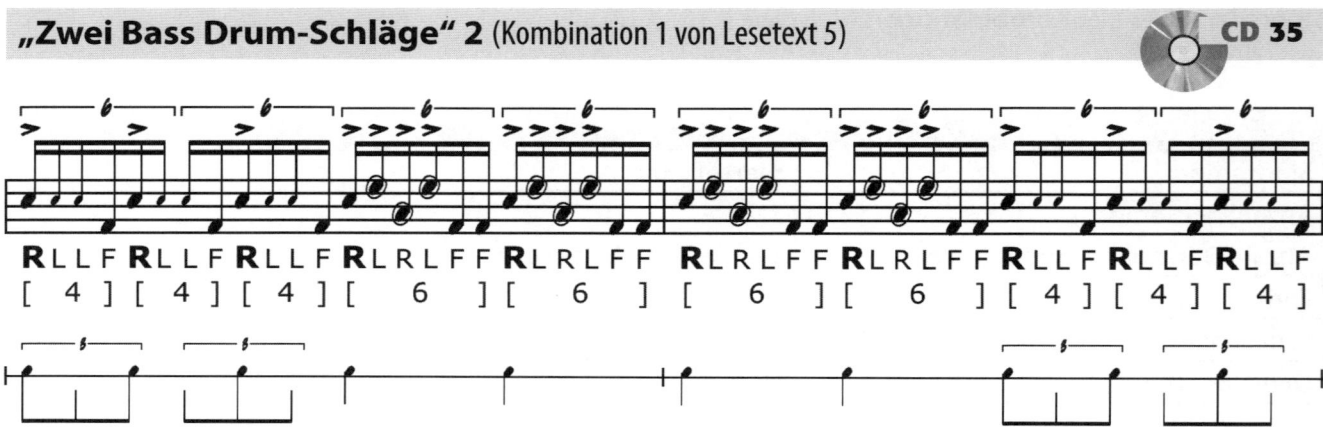

Übeanleitung	
Starttempo:	**Viertel** = 60
Anzahl der Tempi:	3
Anzahl Durchgänge pro Tempo:	2 mal jedes Fill des Lesetextes
Form:	2 Takte Groove + 2 Takte Fill
Laut zählen:	Viertel und „Klick" | bei Bedarf Achteltriolen
Dauer der Übung:	ca. 15 Minuten

In *Kapitel 5* geht es mit Fills in *Zweiunddreißigstelnoten* weiter.

Kapitel 5

Fills in Zweiunddreißigstelnoten

In diesem Kapitel zeige ich dir verschiedene Möglichkeiten, Fills in Zweiunddreißigstelnoten zu spielen.

Fills in Zweiunddreißigstelnoten 1 (8er- & 4er-Gruppen)

Wie zu Beginn der *Kapitel 2 und 4* spielst du anfangs eine Figur, die eine Viertelnote lang ist. In Zweiunddreißigstelnoten sind das *acht* Schläge.

Damit du keine komplett neue Schlagabfolge lernen musst, habe ich der bereits bekannten *6er-Gruppe (vgl. dazu Ausgangsfigur Sechzehnteltriolen-Fill auf Seite 61)* zwei Schläge vorangestellt.

Die 6er-Gruppe hatte den Handsatz **R L R L L F**. Davor spielst du noch zwei Schläge (**R L**) und erhältst dann folgende Ausgangsfigur:

Zweiunddreißigstelnote 1 (Ausgangsfigur)

Hier die Ausgangsfigur über einen Takt. Da mit Ausnahme des Doppelschlages in der linken Hand alle Schläge in diesem Fill akzentuiert werden, habe ich der Übersichtlichkeit halber die Akzente weggelassen.

Zweiunddreißigstelnoten 1.1 (Ausgangsfigur über einen Takt) — CD 36

Die Ausgangsfigur ist unsere *8er-Gruppe*. Achte darauf, dass du die unakzentuierten Noten leise spielst. Der Bass Drum-Schlag am Ende ist etwa so laut wie die Akzente.

Als Nächstes verschiebst du die 8er-Gruppe um *eine* Achtel vom Downbeat auf den Achtel-Offbeat. D. h. die 8er-Gruppe beginnt nun auf „1+" (dem Offbeat). Die Herausforderung ist: Du startest das Fill auf „1+" und hörst dabei, wie unterschiedlich es in Relation zum Viertelpuls klingt.

Auf der „1" spielst du einen Snareakzent und dann ab der „1+" die 8er-Gruppe.

Zweiunddreißigstelnoten 1.2 (8er-Gruppe um eine Achtel verschoben)

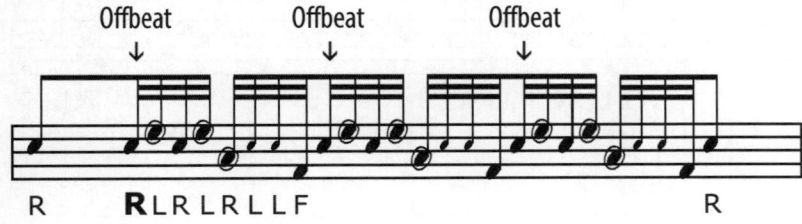

79

Jetzt fügen wir die *Beispiele 1.1* und *1.2* zu einem *zweitaktigen* Fill zusammen.

Obwohl die Subdivision des Fills Zweiunddreißigstelnoten sind, basiert die zugrundeliegende Rhythmik auf Achteln. In Zeile 2 siehst du zur Verdeutlichung die Rhythmik des Fills.

Zweiunddreißigstelnoten 1.3 (Kombination aus den Beispielen 1.1 & 1.2)

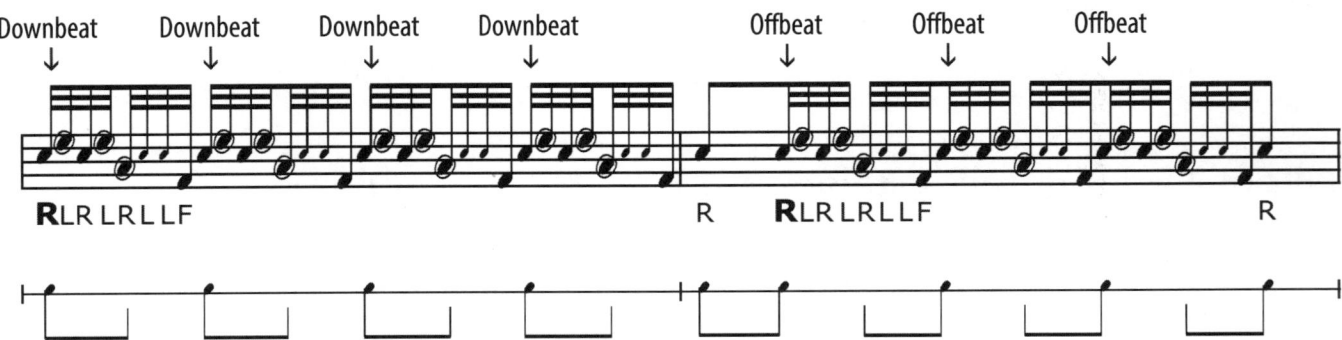

Tipp:
Achtel sind die zugrundeliegende Rhythmik der 8er- & 4er-Gruppen in Zweiunddreißigstelnoten. In *Kapitel 2* (*Seite 31*) ist beschrieben, wie du dir die zugrundeliegende Rhythmik klarmachen kannst.

Als Nächstes spielst du einen schöneren Übergang zwischen den beiden Positionen der Ausgangsfigur. Anstelle der Achtelnote auf der Snare (*siehe Beispiel 1.3*, Takt 2, auf „1" und „4+") spielst du nun folgende, schon bekannte *4er-Gruppe* in Zweiunddreißigsteln.

Zweiunddreißigstelnoten 1.4 (4er-Gruppe)

Den Akzent habe ich (*wie die Akzente der 8er-Gruppe*) in den folgenden Beispielen nicht aufgeschrieben ... du sollst ihn aber spielen.

Nun fügst du die *4er-Gruppe* in das bereits aus *Beispiel 1.3* bekannte zweitaktige Fill ein. Du startest das Fill mit der *8er-Gruppe* auf der „1" (dem Downbeat). Auf der „1" des zweiten Taktes spielst du *einmal* die *4er-Gruppe* direkt gefolgt von der *8er-Gruppe*, die du nun auf dem Offbeat (1+) spielst. Zum Abschluss spielst du auf der „4+" die *4er-Gruppe*. Alle 4er-Gruppen sind **grau** markiert.

Zweiunddreißigstelnoten 1.5 (8er- & 4er-Gruppen Kombination 1) — CD 37

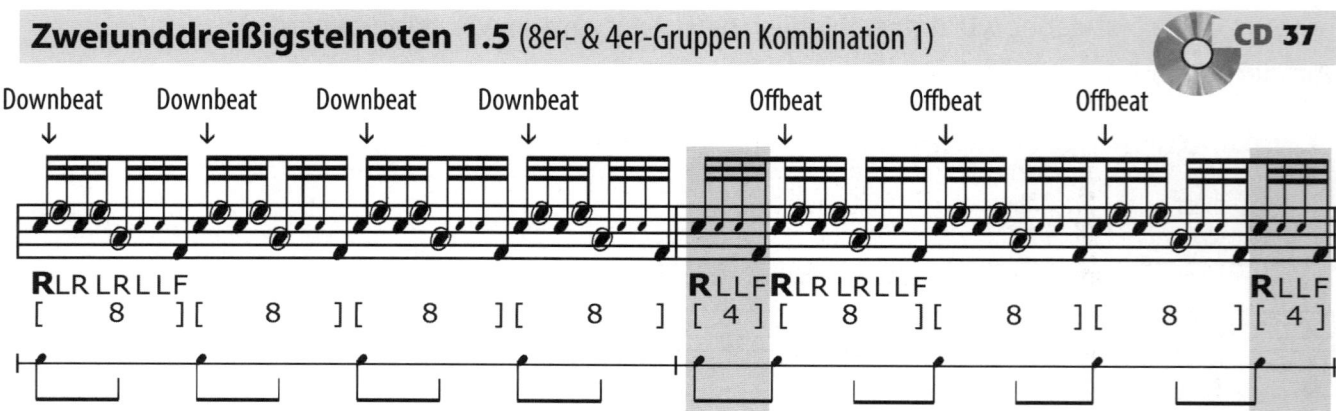

Kapitel 5 | Fills in Zweiunddreißigstelnoten

Jetzt spielst du die 8er- und die 4er-Gruppe im Wechsel. Dadurch wechselt die Position der 8er-Gruppe immer zwischen Downbeat und Offbeat.

Zweiunddreißigstelnoten 1.6 (8er- & 4er-Gruppen Kombination 2)

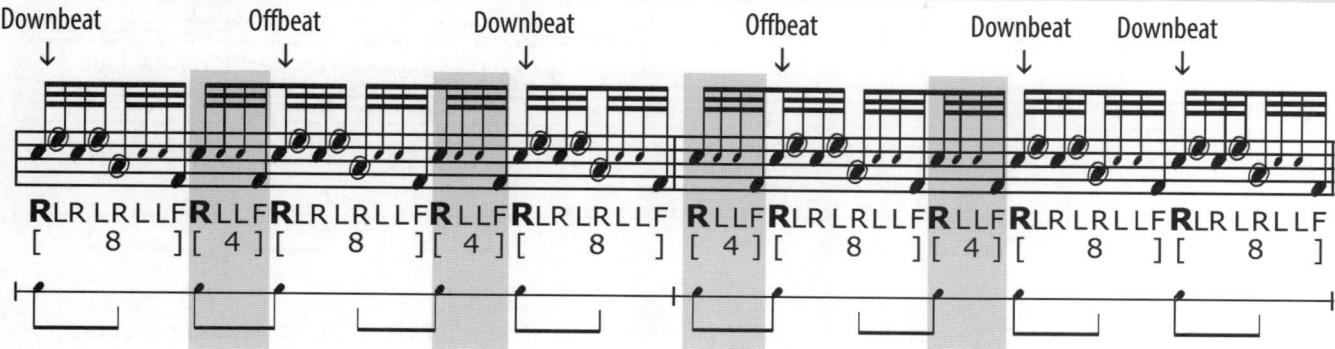

Beispiel 1.7 zeigt eine weitere Möglichkeit, 8er-Gruppen mit 4er-Gruppen zu kombinieren. Hier beginnst du mit der 4er-Gruppe, d. h. die erste 8er-Gruppe startet auf dem Offbeat.

Zweiunddreißigstelnoten 1.7 (8er- & 4er-Gruppen Kombination 3)

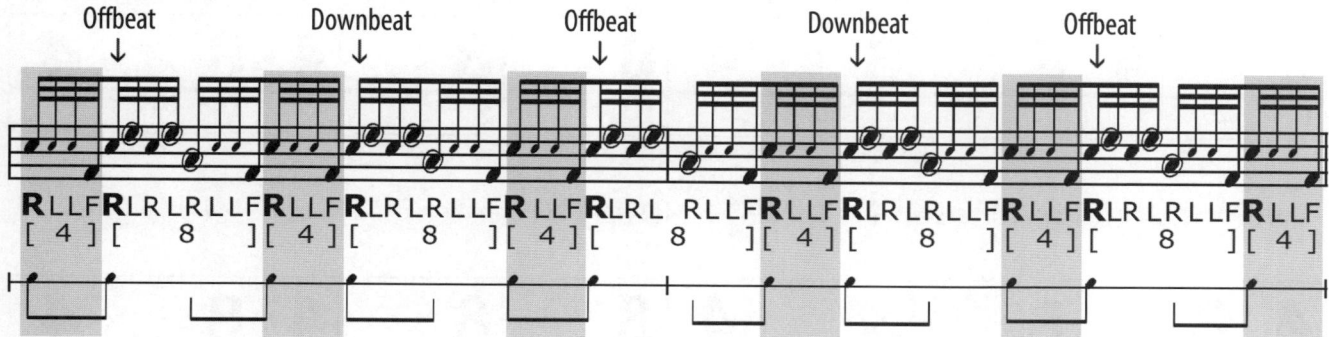

Querverweis:

Auch zum Thema 8er- & 4er-Gruppen gibt es eine Snareübung, deren Ziel die Vertiefung der rhythmischen Grundidee ist (*siehe Anhang, Seite 138*). Es bietet sich an, Snareübung und Fills parallel zu üben.

Versuche die nächsten beiden Fills nur anhand der Zahlen (in *eckigen Klammern* unter den Noten) zu spielen, um dich langsam von den Noten zu lösen. Die Handsätze sind wohlbekannt, deswegen habe ich sie bei den folgenden beiden Beispielen weggelassen. Auf die Noten solltest du nur schauen, falls du sie zur visuellen Kontrolle brauchst.

Zweiunddreißigstelnoten 1.8 (8er- & 4er-Gruppen Kombination 4)

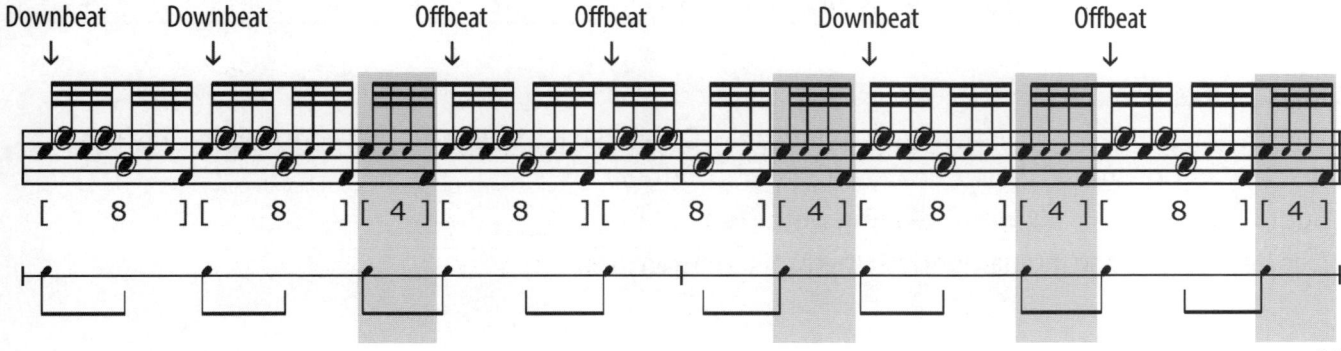

Zweiunddreißigstelnoten 1.9 (8er- & 4er-Gruppen Kombination 5)

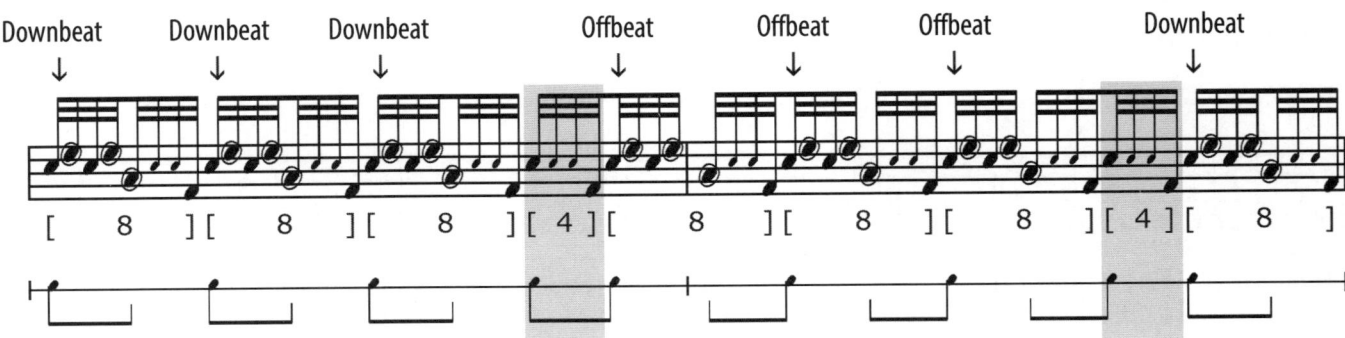

Um rhythmisch absolut sicher im Umgang mit 8er- & 4er-Gruppen zu werden, solltest du weitere Kombinationen üben, indem du mit Platzhaltern (den Zahlen „8" und „4") arbeitest. Die folgenden vier Kombinationen aus 8er- & 4er-Gruppen repräsentieren je ein zweitaktiges Fill im $\frac{4}{4}$-Takt.

Zweiunddreißigstelnoten 1.10 (8er- & 4er-Gruppen Kombination 6)

 CD 38

8		4	8		8		4	8		8		4	8		4
1	+	2	+	3	+	4	+	1	+	2	+	3	+	4	+

Zweiunddreißigstelnoten 1.11 (8er- & 4er-Gruppen Kombination 7)

4	8		8		8		4	8		8		4	8		4
1	+	2	+	3	+	4	+	1	+	2	+	3	+	4	+

Zweiunddreißigstelnoten 1.12 (8er- & 4er-Gruppen Kombination 8)

4	8		4	4	8		4	8		4	8		8		4
1	+	2	+	3	+	4	+	1	+	2	+	3	+	4	+

Zweiunddreißigstelnoten 1.13 (8er- & 4er-Gruppen Kombination 9)

8		8		4	4	4	8		4	4	8		4	8	
1	+	2	+	3	+	4	+	1	+	2	+	3	+	4	+

Das Prinzip:

Wir spielen *8er-Gruppen* in Zweiunddreißigsteln. Durch die Kombination mit *4er-Gruppen* wechselt die 8er-Gruppe immer zwischen Downbeat und Offbeat.

Subdivision des Fills: **Zweiunddreißigstelnoten**

Das Raster der zugrundeliegenden Rhythmik: **Achtelnoten**

Kapitel 5 | Fills in Zweiunddreißigstelnoten

So geht's weiter:

Jetzt übst du alle zweitaktigen Kombinationen anhand unten stehender Übeanleitung.

Dies geht am besten mit **Lesetext 6** (*8er- & 4er-Gruppen in Zweiunddreißigstelnoten*). Dort findest du die Übersicht über alle Kombinationen (*Beispiele 1.5 – 1.13*).

Übeanleitung	
Starttempo:	**Achtel** = 100
Anzahl der Tempi:	3
Anzahl Durchgänge pro Tempo:	2 mal jedes Fill des Lesetextes
Form:	2 Takte Groove + 2 Takte Fill
Laut zählen:	Viertel und „Klick" | bei Bedarf Achtel
Dauer der Übung:	ca. 15 Minuten

Tipp:

Zweitaktige Fills sind in Zweiunddreißigstelnoten sehr lang, was zum Üben sehr gut ist. Möchtest du lieber eintaktige Fills spielen, beendest du die Kombinationen von **Lesetext 6** (*8er- & 4er-Gruppen in Zweiunddreißigstelnoten*) einfach nach einem Takt.

Wir übertragen auch dieses rhythmische Konzept auf andere Schlagabfolgen wie in folgendem Beispiel.

Am Anfang der *8er-Gruppe* spielst du einen *Six Stroke Roll* (**R L L R R L**), gefolgt von zwei Bass Drum-Schlägen am Ende der Figur. Beide Hände bleiben auf der Snare.

Die *4er-Gruppe* ist weiterhin **R L L F**, wobei du mit der rechten Hand das Floortom spielst.

„Zwei Bass Drum-Schläge" 1 (Ausgangsfiguren)

8er-Gruppe

R L L R R L F F

4er-Gruppe

R L L F

Jetzt kombinierst du die beiden Gruppen mithilfe von **Lesetext 6** (*8er- & 4er-Gruppen in Zweiunddreißigstelnoten*). Dies ist *Kombination 2* dieses Lesetextes als Basis für das folgende Fill.

8		4	8		4	8		4	8		4	8	
1	+	2	+	3	+	4	+	1	+	2	+	3	+	4	+

„Zwei Bass Drum-Schläge" 2 (Kombination 2 von Lesetext 6) — CD 39

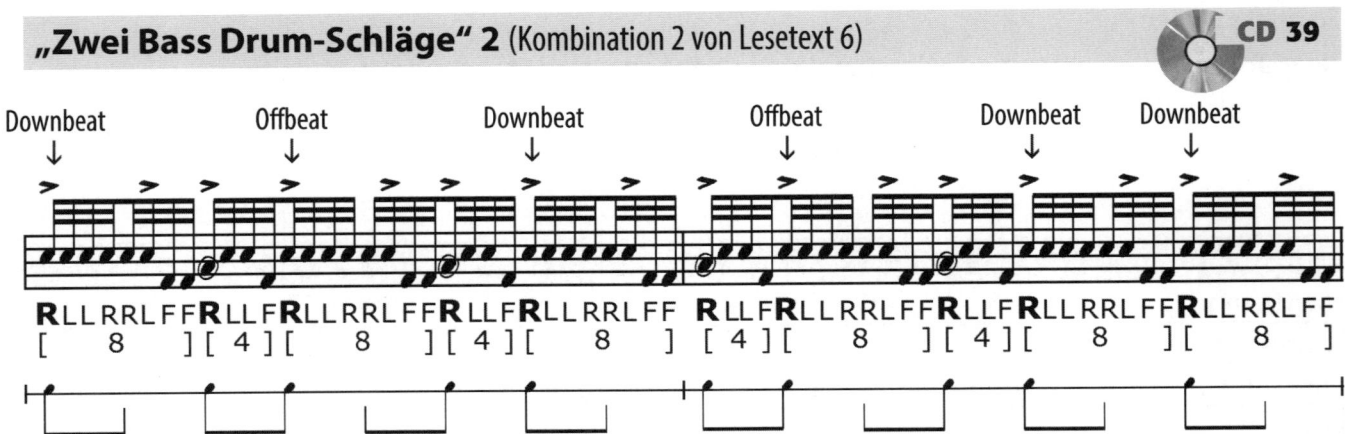

Um nach dem oben stehenden Fill einen leichten Übergang zurück in den Groove zu ermöglichen, ersetze ich die letzten beiden Bass Drum Schläge durch die Hände (R L). Dann kannst du auf der „1" deines Grooves bequem eine Bass Drum spielen.

Übeanleitung	
Starttempo:	**Achtel** = 100
Anzahl der Tempi:	3
Anzahl Durchgänge pro Tempo:	2 mal jedes Fill des Lesetextes
Form:	2 Takte Groove + 2 Takte Fill
Laut zählen:	Viertel und „Klick" | bei Bedarf Achtel
Dauer der Übung:	ca. 15 Minuten

Die zugrundeliegende Rhythmik der Zweiunddreißigstel-Fills in diesem Kapitel basiert auf geraden Achteln. Jetzt kommt eine Idee, bei der die Rhythmik auf Sechzehnteln basiert.

Kapitel 5 | Fills in Zweiunddreißigstelnoten

Fills in Zweiunddreißigstelnoten 2 (6er- & 4er-Gruppen)

Ab hier ändert sich die zugrundeliegende Rhythmik der Fills von Achtelnoten zu Sechzehntelnoten. Die Subdivision des Fills bleibt unverändert, das heißt die folgenden Fills bestehen weiterhin aus Zweiunddreißigstelnoten.

6er- und 4er-Gruppen kennst du schon von den **Fills in Sechzehnteltriolen 3** (*siehe Seiten 71–75*). Wir nehmen die genau gleichen Schlagabfolgen. Erstens ist es absolut sinnvoll, einmal gelernte Schlagabfolgen auch in anderen Subdivisions spielen zu können und zweitens klingt es auch extrem gut (was natürlich noch wichtiger als „sinnvoll" ist).

Als Ausgangsfigur nehmen wir hier folgende, schon bekannte *6er-Gruppe*:

Zweiunddreißigstelnoten 2 (Ausgangsfigur)

Jetzt spielst du die 6er-Gruppe über *einen* Takt. In Zeile 2 siehst du auch hier den zugrundeliegenden Rhythmus, der ab jetzt – wie schon gesagt – auf Sechzehnteln basiert.

Zweiunddreißigstelnoten 2.1 (Ausgangsfigur über einen Takt)

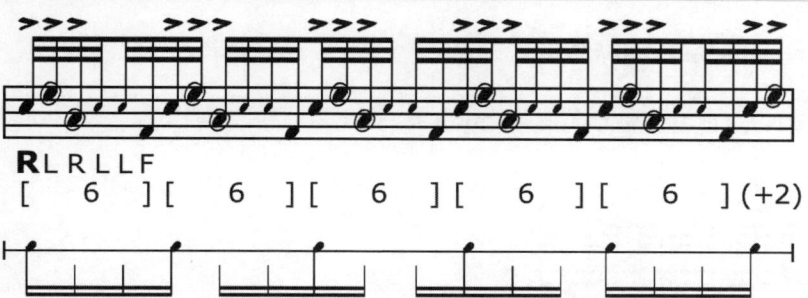

Jetzt kommt die 4er-Gruppe ins Spiel (ebenfalls schon bekannt).

Zweiunddreißigstelnoten 2.2 (4er-Gruppe)

Diese 4er-Gruppe kombinieren wir nun mit der 6er-Gruppe zu eintaktigen Fills. Dazu spielst du zweimal die Kombination 6 – 6 – 4. (Alle 4er-Gruppen sind **grau** markiert.)

Zweiunddreißigstelnoten 2.3 (6er- & 4er-Gruppen Kombination 1)

> **Tipp:**
> Sechzehntel-Noten sind hier die zugrundeliegende Rhythmik.
> In den *Vorbemerkungen* (*Seite 6ff*) ist beschrieben, wie du dir eine zugrundeliegende Rhythmik in Sechzehnteln klarmachen kannst.

Beim folgenden Fill spielst du zweimal die *Kombination 4 – 6 – 6*:

Zweiunddreißigstelnoten 2.4 (6er- & 4er-Gruppen Kombination 2)

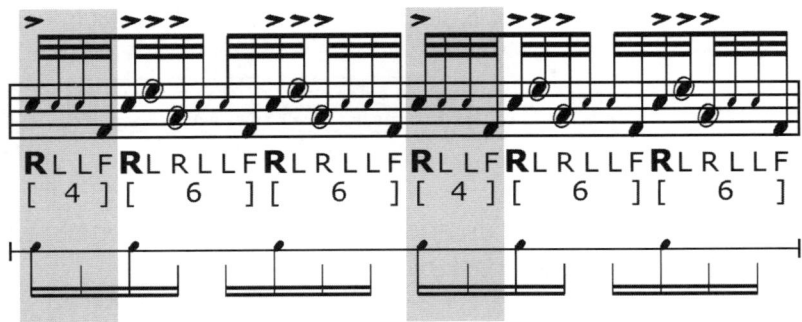

Beim nächsten Fill spielst du immer *6er & 4er abwechselnd*.

Zweiunddreißigstelnoten 2.5 (6er- & 4er-Gruppen Kombination 3)

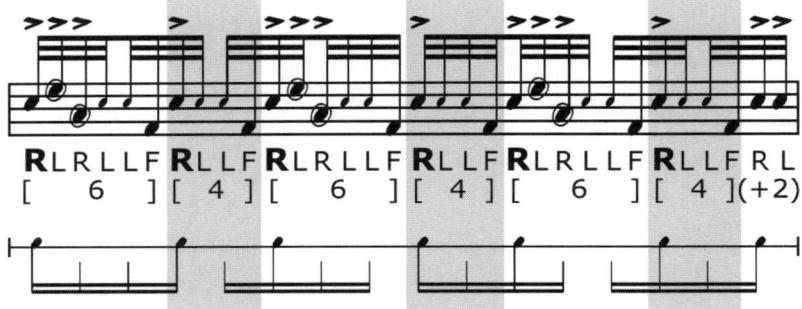

Zweiunddreißigstelnoten 2.6 (6er- & 4er-Gruppen Kombination 4)

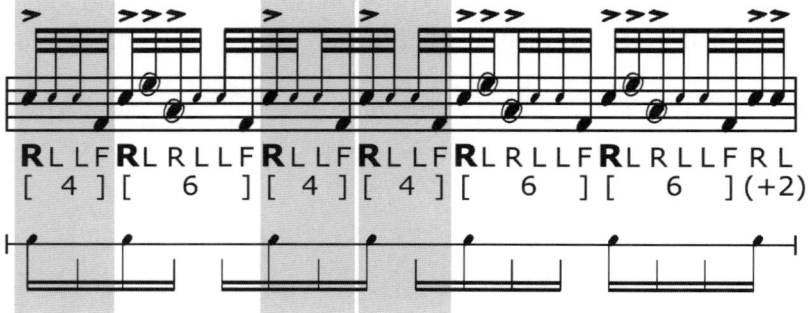

Wenn du die vorangegangenen Fills über einen Takt richtig hören kannst, solltest du mit *zweitaktigen* Fills weitermachen.

Kapitel 5 | Fills in Zweiunddreißigstelnoten

Das erste zweitaktige Fill besteht nur aus der *6er-Gruppe*.

Zweiunddreißigstelnoten 2.7 (6er-Gruppe über zwei Takte)

Auch bei den zweitaktigen Fills darf die *4er-Gruppe* nicht fehlen. Zuerst immer 6er und 4er *abwechselnd*.

Zweiunddreißigstelnoten 2.8 (6er- & 4er-Gruppen Kombination 5)

CD 42

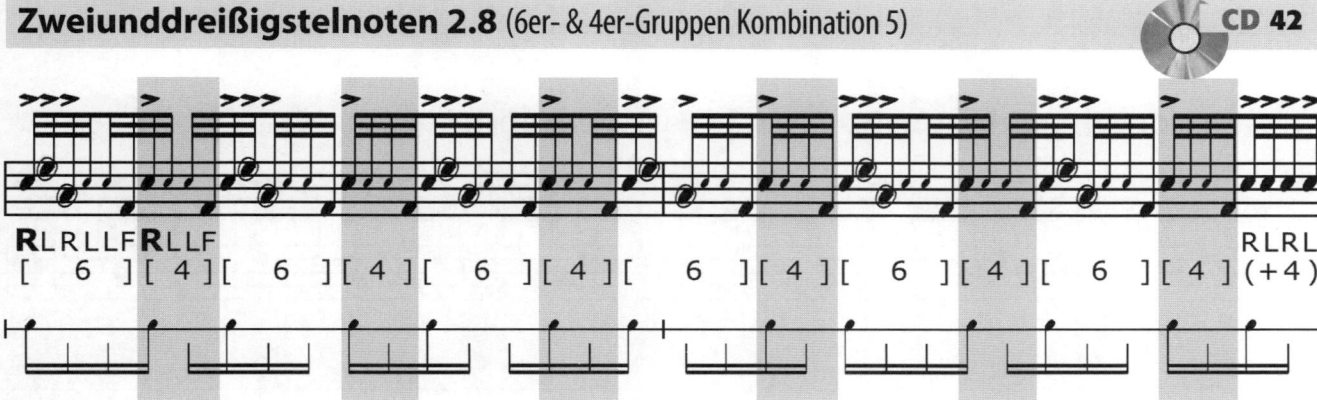

Im nächsten Fill fängst du mit der *4er-Gruppe* an und spielst dann immer *abwechselnd* 6er und 4er.

Zweiunddreißigstelnoten 2.9 (6er- & 4er-Gruppen Kombination 6)

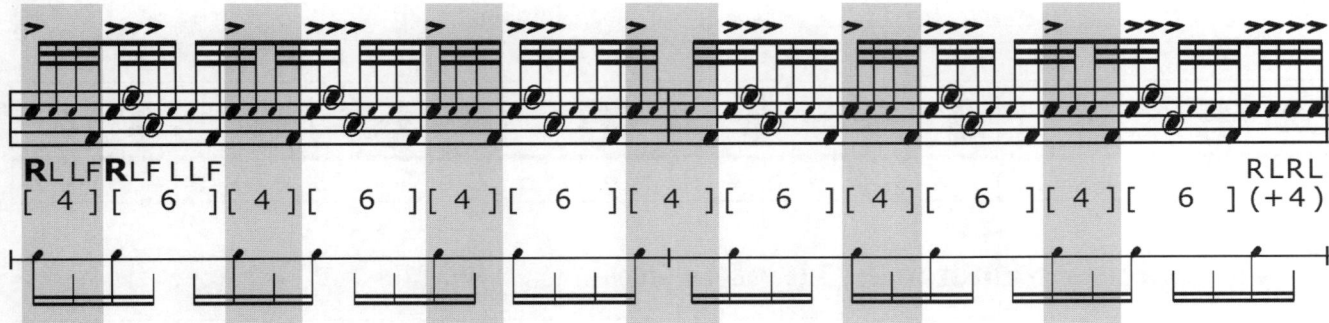

Querverweis:
Auch zum Thema *6er- & 4er-Gruppen in Zweiunddreißigstelnoten* gibt es eine Snareübung im Anhang, deren Ziel die Vertiefung der rhythmischen Grundidee ist (*siehe Seite 139*).
Es bietet sich an, Snareübung und Fills parallel zu üben.

Spiele die nächsten beiden Fills nur anhand der Zahlen (in eckigen Klammern unter den Noten), um dich langsam von den Noten zu lösen.

Die Handsätze sind jetzt bekannt, deswegen habe ich sie bei den nächsten beiden Fills weggelassen. Auf die Noten solltest du eigentlich auch nicht mehr schauen. Sie stehen da nur, falls du sie zur visuellen Kontrolle brauchst.

6 = R L R L L F
4 = R L L F

Zweiunddreißigstelnoten 2.10 (6er- & 4er-Gruppen Kombination 7)

[6][4][6][6][4][4][6][6][4][6][6][4](+2)

Zweiunddreißigstelnoten 2.11 (6er- & 4er-Gruppen Kombination 8)

[4][6][4][6][6][4][4][6][4][6][6][6](+2)

Um rhythmisch absolut sicher im Umgang mit 6er- & 4er-Gruppen zu werden, übst du weitere Kombinationen, indem du mit Platzhaltern (den Zahlen „6" und „4") arbeitest. Die folgenden vier Kombinationen aus 6er- & 4er-Gruppen repräsentieren je ein zweitaktiges Fill im $\frac{4}{4}$-Takt.

Zweiunddreißigstelnoten 2.12 (6er- & 4er-Gruppen Kombination 9) — CD 43

4	6		6	4	6	4	4	6	4	6		6	4		4
1	e	+	d	2	e	+	d	3	e	+	d	4	e	+	d	1	e	+	d	2	e	+	d	3	e	+	d	4	e	+	d

Zweiunddreißigstelnoten 2.13 (6er- & 4er-Gruppen Kombination 10)

6		6		6	4	4	6	6		4	4	6		4	4
1	e	+	d	2	e	+	d	3	e	+	d	4	e	+	d	1	e	+	d	2	e	+	d	3	e	+	d	4	e	+	d

Zweiunddreißigstelnoten 2.14 (6er- & 4er-Gruppen Kombination 11)

6	4	4	6	4	6		6	4	6	4	4	6		4
1	e	+	d	2	e	+	d	3	e	+	d	4	e	+	d	1	e	+	d	2	e	+	d	3	e	+	d	4	e	+	d

Kapitel 5 | Fills in Zweiunddreißigstelnoten

Beim folgenden Beispiel siehst du am Ende „+2". Das bedeutet, dass noch zwei Schläge fehlen, bis beide Takte komplett sind. Hier spielst du einfach **R L** (zwei Zweiunddreißigstelnoten).

Zweiunddreißigstelnoten 2.15 (6er- & 4er-Gruppen Kombination 12)

6	6	4	4	6	6	4	4	6	6	4	6	+2
1 e + d	2 e + d	3 e + d	4 e + d	1 e + d	2 e + d	3 e + d	4 e + d					

Das Prinzip:

Wir spielen *6er- & 4er-Gruppen* in Zweiunddreißigsteln. Durch diese Kombination ergeben sich interessante Rhythmen im *Sechzehntel-Raster*.

Subdivision des Fills: **Zweiunddreißigstelnoten**

Das Raster der zugrundeliegenden Rhythmik: **Sechzehntelnoten**

So geht's weiter:

Jetzt übst du alle zweitaktigen Kombinationen anhand unten stehender Übeanleitung.

Dies geht am besten mit **Lesetext 7** (*6er- & 4er-Gruppen in Zweiunddreißigstelnoten*). Dort findest du die Übersicht über alle Kombinationen (*Beispiele 2.7–2.15*).

Übeanleitung	
Starttempo:	**Achtel** = 100
Anzahl der Tempi:	3
Anzahl Durchgänge pro Tempo:	2 mal jedes Fill des Lesetextes
Form:	2 Takte Groove + 2 Takte Fill
Laut zählen:	Viertel und „Klick" | bei Bedarf Sechzehntel
Dauer der Übung:	ca. 15 Minuten

Übertrage dieses rhythmische Konzept auf andere Schlagabfolgen wie in folgendem Beispiel.

Zum Beispiel:

Die *6er-Gruppe* besteht aus vier Einzelschlägen mit den Händen, gefolgt von zwei Bass Drum-Schlägen am Ende der Figur. Die *linke Hand* bleibt dabei auf dem Hängetom, während die *rechte Hand* zwischen Snare und Floortom wechselt.

Die *4er-Gruppe* besteht aus zwei Akzenten auf der Snare, gefolgt von zwei Bass Drum-Schlägen.

„Zwei Bass Drum-Schläge" 1 (Ausgangsfiguren)

6er-Gruppe

R L R L F F

4er-Gruppe

R L F F

Jetzt kombinierst du die beiden Gruppen mithilfe von **Lesetext 7** (*6er- & 4er-Gruppen in Zweiunddreißigstelnoten*). Dies ist Kombination 2 dieses Lesetextes als Basis für das folgende Fill. Die 4er-Gruppen sind **grau** markiert.

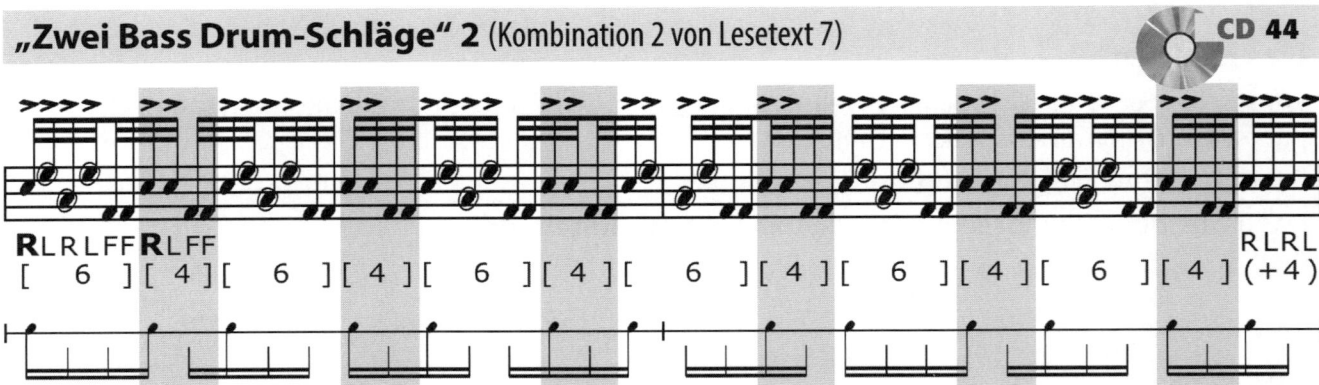

„Zwei Bass Drum-Schläge" 2 (Kombination 2 von Lesetext 7) — CD 44

Übeanleitung	
Starttempo:	**Achtel** = 100
Anzahl der Tempi:	3
Anzahl Durchgänge pro Tempo:	2 mal jedes Fill des Lesetextes
Form:	2 Takte Groove + 2 Takte Fill
Laut zählen:	Viertel und „Klick" | bei Bedarf Sechzehntel
Dauer der Übung:	ca. 15 Minuten

Kapitel 6

Fills in 3er-, 5er- & 7er-Gruppen

In diesem Kapitel geht es um das rhythmische Konzept der *3er-, 5er- & 7er-Gruppen*.

Zuerst widmen wir uns den *3er-Gruppen*, die du schon u. a. aus Kapitel 1 kennst.

Dort hast du **R L F** in Sechzehntelnoten gespielt und dies auf verschiedene Arten orchestriert.

Jetzt spielst du eine *andere* Schlagabfolge in Sechzehntelnoten:

Die rechte Hand spielt das Ridebecken zusammen mit der Bass Drum gefolgt von zwei Ghostnotes auf der Snare.

Fills in 3er-, 5er- & 7er-Gruppen (3er-Gruppe Ausgangsfigur)

Diese Figur spielst du über zwei Takte. In Zeile 2 siehst du die zugrundeliegende Rhythmik.

Fills in 3er-, 5er- & 7er-Gruppen 1 (3er-Gruppe über zwei Takte) — CD 45

Die nun folgende 5er-Gruppe zeigt die gängigste Art, eine *5er-Gruppe* zu akzentuieren. Du spielst Akzente auf dem *ersten* und *dritten* Schlag der 5er-Gruppe. Diese Akzentuierung ist aber natürlich nicht die einzige Art eine 5er-Gruppe zu spielen, sie ist aber – wie gesagt – die bekannteste.

Fills in 3er-, 5er- & 7er-Gruppen 2 (5er-Gruppe Ausgangsfigur)

Jetzt spielst du die 5er-Gruppe über zwei Takte. Die in Zeile 2 stehende zugrundeliegende Rhythmik zeigt immer den Beginn der 5er-Gruppe.

Fills in 3er-, 5er- & 7er-Gruppen 3 (5er-Gruppe über zwei Takte) — CD 46

Für die *7er-Gruppe* gilt das Gleiche, wie für die 5er-Gruppe. Die Akzentuierung auf dem *ersten*, *dritten* und *fünften* Schlag der 7er-Gruppe ist sehr verbreitet, aber auch hier gilt: Diese Akzentuierung ist nicht die einzige Art, eine 7er-Gruppe zu spielen.

Fills in 3er-, 5er- & 7er-Gruppen 4 (7er-Gruppe Ausgangsfigur)

Fills in 3er-, 5er- & 7er-Gruppen 5 (7er-Gruppe über zwei Takte) — CD 47

Das Ziel ist nun, alle drei Bausteine (*3er-, 5er- & 7er-Gruppen*) miteinander zu kombinieren. Du kannst nur gewinnen, wenn du dich diesem Thema widmest!!

- Du bekommst ein Tool, mit dem du sehr kreativ Fills (und Grooves) entwickeln kannst.
- Dein grundsätzliches Verstehen und Empfinden von Rhythmus wird sich extrem verbessern.
- Deine Fähigkeit zu improvisieren wird steigen.

Für einen leichten Einstieg ins Kombinieren kombinierst du zuerst nur jeweils zwei der drei verschiedenen Gruppen. Du beginnst mit *3er- & 5er-Gruppen*.

Kombinationen aus 3er- & 5er-Gruppen

Fills in 3er-, 5er- & 7er-Gruppen 6 (3er- & 5er-Gruppen Kombination 1) — CD 48

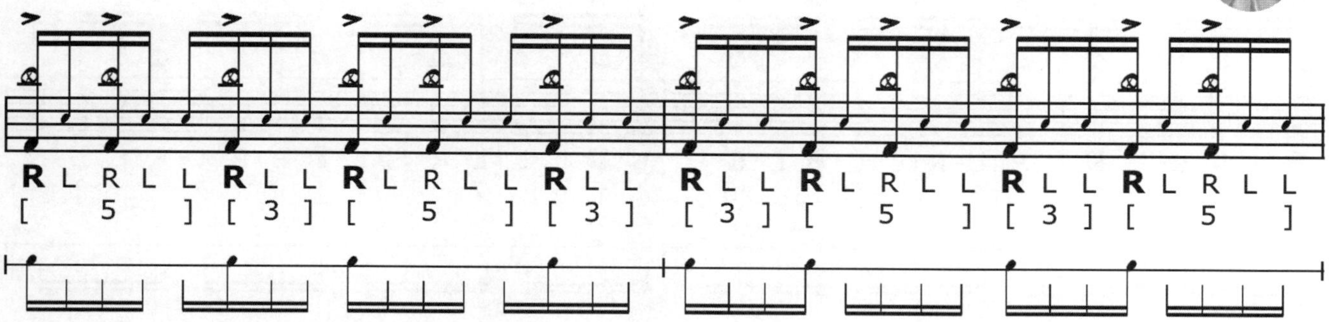

Fills in 3er-, 5er- & 7er-Gruppen 7 (3er- & 5er-Gruppen Kombination 2)

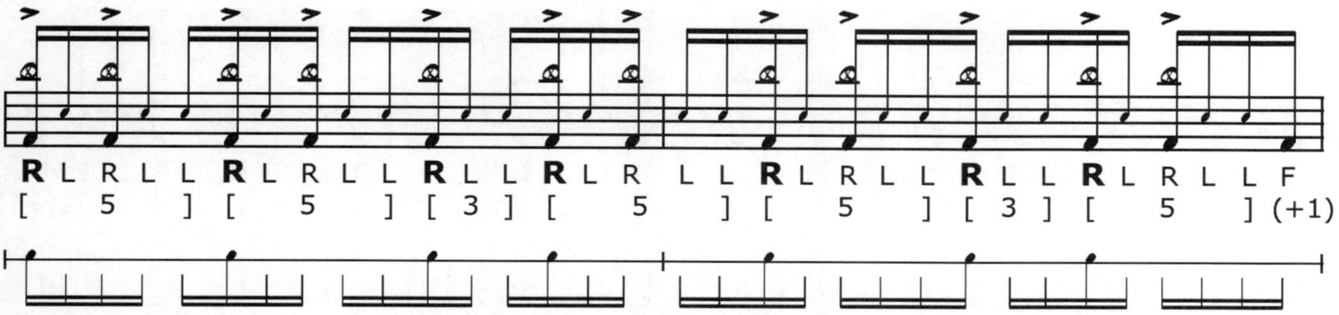

Kombinationen aus 3er- & 7er-Gruppen

Fills in 3er-, 5er- & 7er-Gruppen 8 (3er- & 7er-Gruppen Kombination 1) — CD 49

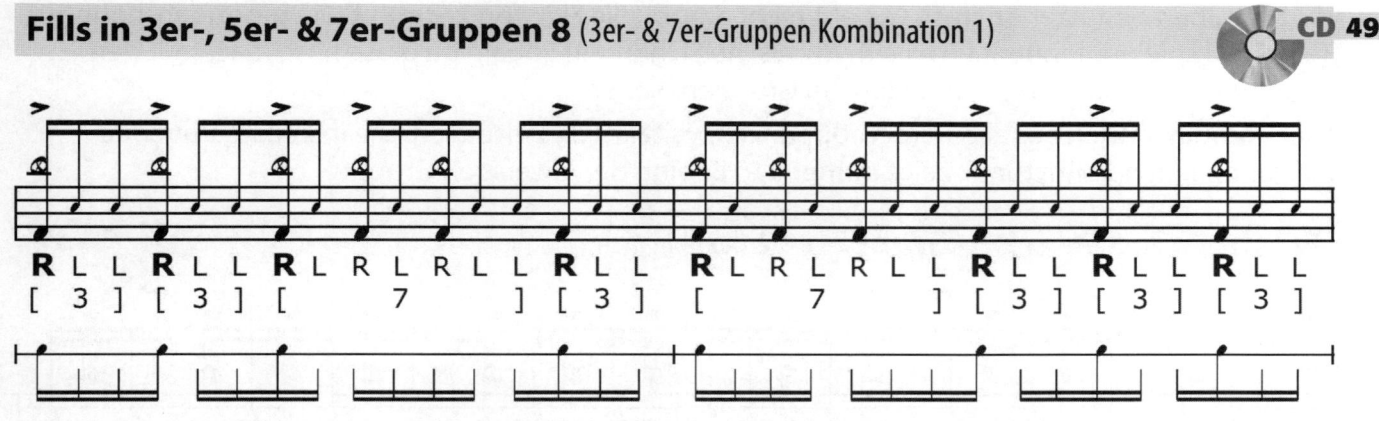

Fills in 3er-, 5er- & 7er-Gruppen 9 (3er- & 7er-Gruppen Kombination 2)

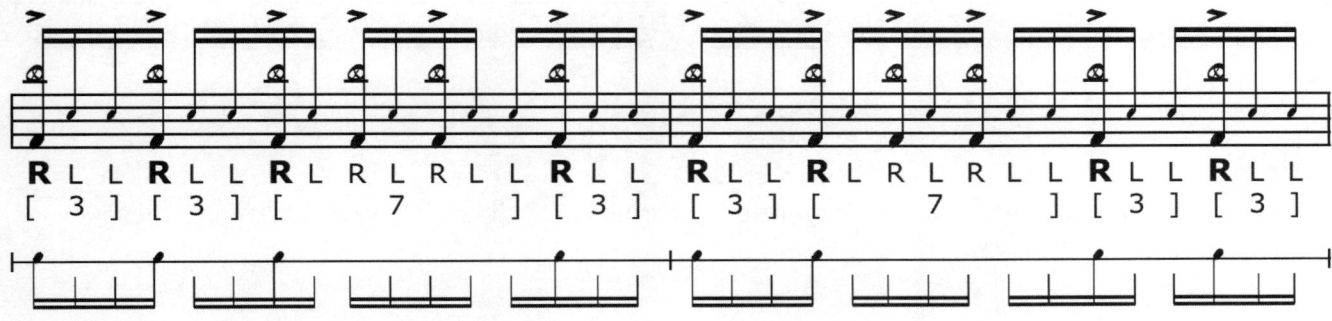

Kombinationen aus 5er- & 7er-Gruppen

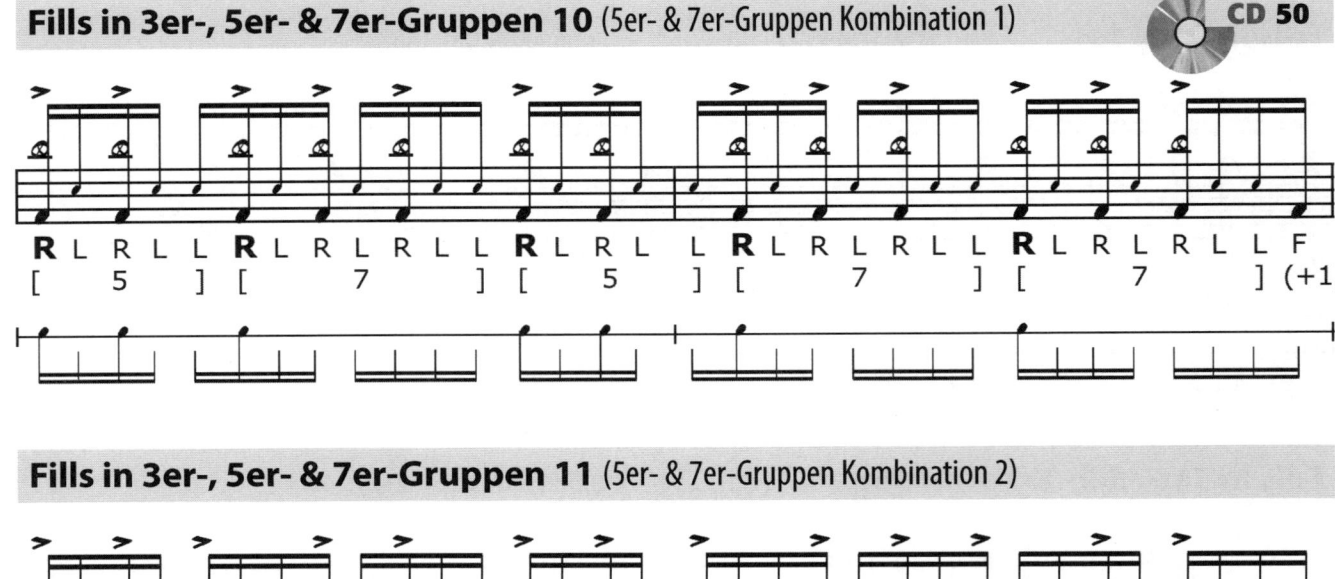

Lesetext 8 (*3er & 5er / 3er & 7er / 5er & 7er in Sechzehntelnoten*) zeigt eine Übersicht über die Vorübungen (*Fills in 3er-, 5er- & 7er-Gruppen 6 bis 11*) und drei weitere Kombinationen dieser Art, die du zum Üben benutzen solltest. Es geht nicht darum, die Fills von **Lesetext 8** in besonders hohem Tempo zu spielen, sondern um die rhythmische Sicherheit! Sobald du diese hast, mach mit den folgenden Kombinationen aus allen drei Gruppen weiter.

Hier Kombinationen aus allen drei Gruppen in zweitaktigen Beispielen. Die in Zeile 2 stehende zugrundeliegende Rhythmik zeigt immer den Beginn der jeweiligen Gruppe.

Tipp:

Vergegenwärtige dir die zugrundeliegende Rhythmik von Zeit zu Zeit, wie am Anfang dieses Buches auf *Seite 6ff* beschrieben.

Kapitel 6 | Fills in 3er-, 5er- & 7er-Gruppen

Fills in 3er-, 5er- & 7er-Gruppen 13 (3er-, 5er- & 7er-Gruppen Kombination 2)

Laut (!!) zählen:

Ich muss noch einmal darauf hinweisen: Die *effektivste* Art, sich die besondere Rhythmik dieser (und anderer) Gruppen zu eigen zu machen, *ist lautes Zählen*! Ohne den permanenten Überblick über die Rhythmik im Verhältnis zum Viertel-Puls sind diese Übungen mechanisch und unmusikalisch. Es ist am Anfang vielleicht mühsam, dafür erlernst du hier eine grundsätzliche Fähigkeit, die dir in vielen verschiedenen Zusammenhängen sehr zunutze sein wird. Mit dem linken Fuß die Viertel auf der HiHat zu treten, ersetzt das laute Zählen leider nicht.

Anhand des oben stehenden *Beispiels 13*, hier meine Vorgehensweise:

1. Du zählst alle Sechzehntel laut. Dieser Einstieg soll es dir leichtmachen. Sobald das gut geht, bitte mit 2. weitermachen.

2. Jetzt lässt du die Sechzehntel-Unterteilung weg und zählst nur noch die Viertel laut. Sobald dies gut geht, bitte mit 3. weitermachen.

3. Jetzt ersetzt du beim Zählen das Sprechen der Viertel durch einen perkussiven Laut: Du sagst *„Klick"* auf jedem Viertel.

Zweierlei Gründe sprechen dafür, *„Klick"* zu sagen.
- Du musst beim Zählen genauer sein, da der Laut im Gegensatz zum Sprechen der Zahlen wesentlich perkussiver ist.
- Dadurch, dass du die Viertel nicht mehr aussprichst, musst du verinnerlichen, wo jeweils die „1" ist. Und wenn du dies nach einer Weile verinnerlicht hast, also immer richtig hörst, wie das jeweilige Fill in Relation zum Viertelpuls klingt, dann hörst bzw. fühlst du, wo im Takt du gerade bist.

Um sicher im Umgang mit *3er-, 5er- & 7er-Gruppen* zu werden, solltest du weitere Kombinationen nach diesem Prinzip üben, indem du mit Platzhaltern (*den Zahlen "3", "5" und "7"*) arbeitest.

Lesetext 9 (*3er-, 5er- & 7er-Gruppen in Sechzehntelnoten*) zeigt neun Kombinationen aus 3er-, 5er- & 7er-Gruppen, die du nun üben solltest.

Übeanleitung	
Starttempo:	**Viertel = 82**
Anzahl der Tempi:	4
Anzahl Durchgänge pro Tempo:	2 mal jedes Fill des Lesetextes
Form:	2 Takte Groove + 2 Takte Fill
Laut zählen:	Viertel und „Klick" | bei Bedarf Sechzehntel
Dauer der Übung:	ca. 15 Minuten

Das Prinzip:

Du spielst *3er-, 5er- & 7er*-Gruppen in Sechzehnteln.

Dadurch dass alle drei Gruppen ungerade sind, wechseln sie immer zwischen den *Achtel-Downbeats* und den *Sechzehntel-Offbeats*.

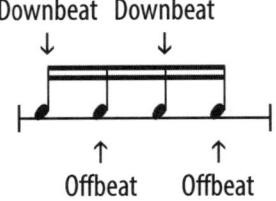

Subdivision des Fills: **Sechzehntelnoten**

Das Raster der zugrundeliegenden Rhythmik: **Sechzehntelnoten**

Bei *3er-, 5er- & 7er-Gruppen* handelt es sich um ein rhythmisches Konzept, das du unbedingt auch auf andere Arten anwenden solltest. Hier eine Anwendung mit *neuer Orchestrierung*, aber gleichbleibenden Handsätzen.

Die 3er-Gruppe ändert sich nicht.

Bei der *5er-Gruppe* spielst du die *ersten zwei Schläge* als Akzente auf der Snare (oder den Toms).

Bei der *7er-Gruppe* spielst du die *ersten vier Schläge* als Akzente auf der Snare (oder den Toms).

Fills in 3er-, 5er- & 7er-Gruppen Orchestrierung 2

Orchestrierung 2 (3er-, 5er- & 7er-Gruppen Ausgangsfigur)

3er-Gruppe

R L L

5er-Gruppe

R L R L L

7er-Gruppe

R L R L R L L

Kapitel 6 | Fills in 3er-, 5er- & 7er-Gruppen

Jetzt kombinierst du diese drei Gruppen mithilfe von **Lesetext 9** (*3er-, 5er- & 7er-Gruppen in Sechzehntelnoten*). Hier zur Verdeutlichung **Kombination 1** dieses Lesetextes als Basis für das folgende Fill.

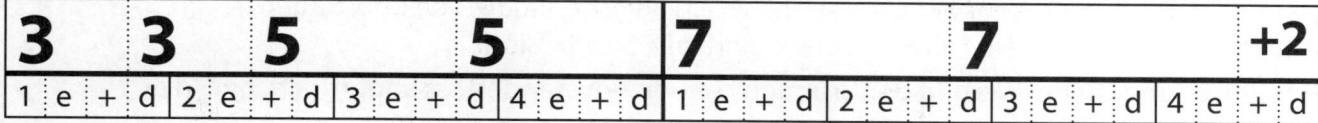

Orchestrierung 2.1 (Kombination 1 von Lesetext 9)   CD 52

Übeanleitung	
Starttempo:	**Viertel** = 82
Anzahl der Tempi:	4
Anzahl Durchgänge pro Tempo:	2 mal jedes Fill des Lesetextes
Form:	2 Takte Groove + 2 Takte Fill
Laut zählen:	Viertel und „Klick" | bei Bedarf Sechzehntel
Dauer der Übung:	ca. 15 Minuten

Nerd Section:

3er-Gruppen gehen nach *drei Takten* auf.

5er-Gruppen gehen nach *fünf Takten* auf.

7er-Gruppen gehen nach *sieben Takten* auf.

Dies geschieht *unabhängig* von der Taktart! Also auch im $\frac{5}{4}$-Takt geht eine 3er-Gruppe nach drei Takten auf.

Ausnahme: Alle Taktarten, bei denen der Zähler der Taktart der Zahl der Gruppe gleicht. Hier geht die Verschiebung innerhalb eines Taktes auf.

Wenn du also eine 3er-Gruppe in einem $\frac{3}{4}$-Takt spielst, geht sie nach einem Takt auf. Genauso wie eine 5er-Gruppe im $\frac{5}{8}$-Takt.

Jedes rhythmische Konzept lässt sich auf fast unendlich viele Arten anwenden. Das kann man *positiv* sehen nach dem Motto: *Unglaublich, was sich hier für ein schier unerschöpfliches Reservoir an Ideen und Möglichkeiten bietet.* Oder eben *negativ*: *Das sind zu viele Möglichkeiten, man könnte noch dieses mit jenem kombinieren und ich weiß gar nicht, womit ich anfangen soll.*

Je mehr du konzeptionelle Ansätze am Instrument verfolgst, desto klarer wird dir werden, dass die Möglichkeiten unendlich sind. Das einzige, was dir da hilft, ist dich zu *entscheiden*. Entscheide dich für die Dinge, die du anziehend findest, die dir am meisten Spaß bringen. Und so lange dich diese Dinge faszinieren und du damit gut zu tun hast, verschwende keinen Gedanken an die anderen Möglichkeiten. Erst wenn du wieder Kapazitäten frei hast, guckst du nach den anderen Möglichkeiten. Lass dich von deinem Spaß und deiner Leidenschaft leiten und sei fleißig und diszipliniert dabei!

Fills in 3er-, 5er- & 7er-Gruppen in Achteltriolen

Anmerkung für besonders Interessierte:

Das Konzept der *3er-, 5er- & 7er-Gruppen* lässt sich auf *jede Subdivision* übertragen. *Achteltriolen* sind in jedem Fall die nächste sinnvolle Subdivision.

Handsätze und Orchestrierung der Gruppen bleiben unverändert, es ändert sich „nur" die Subdivision.

Fills in 3er-, 5er- & 7er-Gruppen in Achteltriolen (Ausgangsfiguren)

Willst du das jetzt üben, musst du zuerst jede der Gruppen *einzeln* üben und später zu *Kombinationen* übergehen. Eine zweitaktige Kombination könnte so aussehen:

Fills in 3er-, 5er- & 7er-Gruppen in Achteltriolen 1

3	5	7	3	5	+1
1 + d	2 + d	3 + d 4 + d	1 + d	2 + d 3 + d	4 + d

So sieht diese Kombination ausgeschrieben aus:

Fills in 3er-, 5er- & 7er-Gruppen in Achteltriolen 1.2 (Kombinationsfill) — CD 53

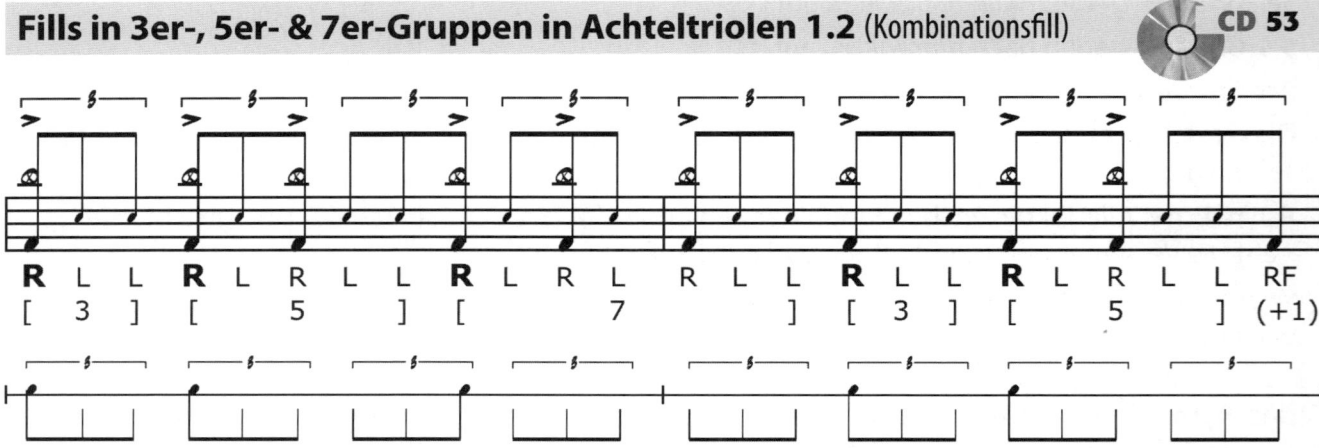

Die **Lesetexte 10** und **11** sind zum Üben von 3er-, 5er- & 7er-Gruppen in Achteltriolen gedacht:

Auf **Lesetext 10** (*3er & 5er / 3er & 7er / 5er & 7er in Achteltriolen*) findest du Kombinationen aus jeweils zwei der drei Gruppen.

Lesetext 11 (*3er-, 5er- & 7er-Gruppen in Achteltriolen*) zeigt Kombinationen aus allen drei Gruppen in Achteltriolen.

Kapitel 7

Moving Around the Kit

In diesem Kapitel zeige ich dir einige Fills, mit denen du dich gut über das Set bewegen kannst.
[engl.: Moving Around the Kit = sich über das Set bewegen]

Moving Around the Kit 1: Clockwise und Counterclockwise

[engl.: clockwise = im Uhrzeigersinn und counterclockwise = gegen den Uhrzeigersinn]

Als Rechtshänder spielt man die meisten Fills *im* Uhrzeigersinn. Zum Beispiel: Dein Fill beginnt auf der Snare, es folgen das Hängetom, das Floortom und zum Schluss ein Crashbecken.
Kurz gesagt: im Uhrzeigersinn.

Fills *gegen* den Uhrzeigersinn sind eher selten, deswegen will ich hier darauf eingehen.

Hier ein Fill *im Uhrzeigersinn*, das als Basis für die folgenden Fills dient.

Moving Around the Kit 1 (Ausgangsfigur)

Jetzt spielst du dieselbe Figur *gegen den Uhrzeigersinn* und zwar ohne den Handsatz zu ändern. Um das Fill schnell spielen zu können, spielst du auf deinem tiefsten Tom eine ungerade Anzahl von Schlägen.

Möglichkeit 1: Du spielst *einen* Schlag auf deinem tiefsten Tom und gehst dann mit der linken Hand voran (*die linke Hand ist auf jedem Tom die erste*).

Moving Around the Kit 1.1

Die ungerade Zahl an Tom-Schlägen am Anfang des Fills verhindert, dass sich deine Hände gegenseitig behindern.

Dieses Fill spielst du abwechselnd mit der *Ausgangsfigur* in einem zweitaktigen Fill.

Moving Around the Kit 1.2

CD 54

Im Uhrzeigersinn (Ausgangsfigur) | Gegen den Uhrzeigersinn

Möglichkeit 2: Du spielst drei Schläge auf deinem tiefsten Tom und gehst dann mit der *linken Hand* voran.

Moving Around the Kit 1.3

Auch dieses Fill spielst du abwechselnd mit der *Ausgangsfigur* (*Around the Kit 1*) in einem zweitaktigen Fill.

Moving Around the Kit 1.4

Jetzt übertragen wir die Grundidee auf Fills in *Sechzehnteltriolen*. Den ersten Teil des Fills spielst du *im Uhrzeigersinn* und ab der „3" geht's *gegen den Uhrzeigersinn* zurück.

Moving Around the Kit 1.5

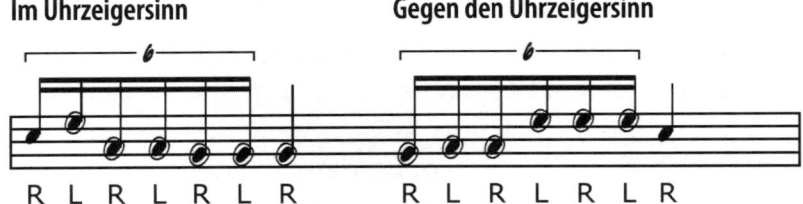

Als Nächstes veränderst du die Rhythmik des Fills. Aus den Viertelnoten auf „2" und „4" werden *Achtel*. Dadurch spielst du auf dem *Downbeat im Uhrzeigersinn* und auf dem *Offbeat gegen den Uhrzeigersinn*. Der Handsatz bleibt unverändert: Du spielst weiterhin Singles.

Moving Around the Kit 1.6

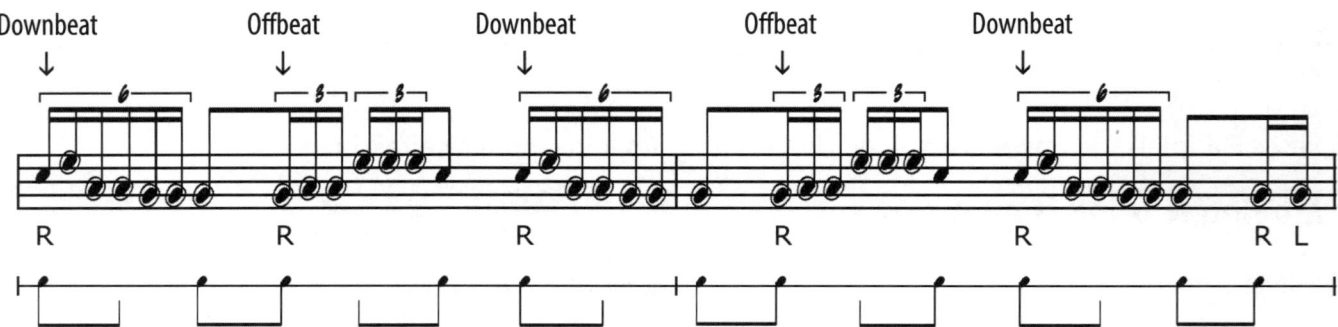

Jetzt kommt die Bass Drum dazu. Du füllst die Lücken mit jeweils zwei Bass Drum-Schlägen. Ansonsten bleibt alles gleich.

Moving Around the Kit 1.7

www.jostnickel.com

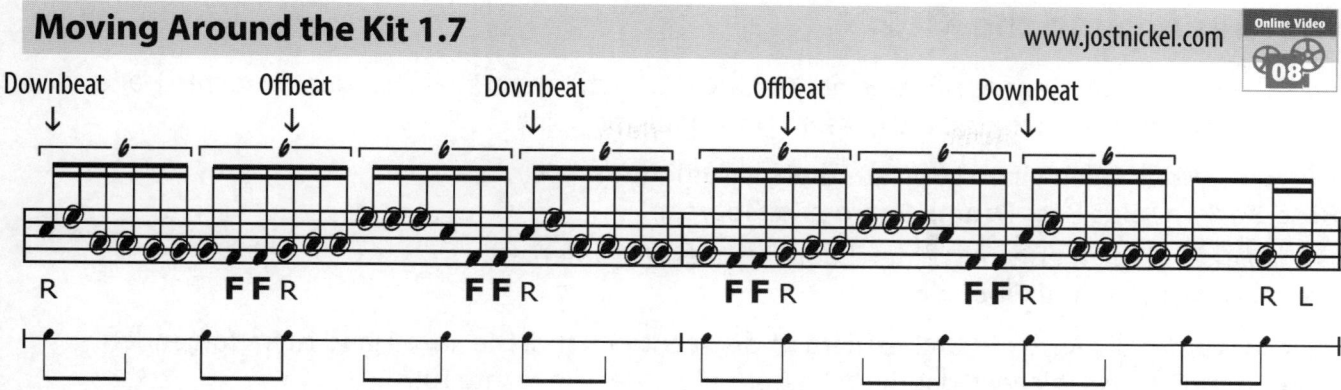

Nun spielst du innerhalb einer langen Figur in der *ersten Hälfte im Uhrzeigersinn* und in der *zweiten dagegen*. Der Handsatz und die Orchestrierung sind unverändert. Hier zwei Vorübungen.

Moving Around the Kit 1.8 – Vorübung 1

Bei Vorübung 2 spielst du die exakt gleiche Figur *um eine Achtel verschoben*. Das Fill beginnt jetzt auf der „**1+**" (Offbeat).

Moving Around the Kit 1.9 – Vorübung 2

Jetzt kombinierst du beide Vorübungen in einem *zweitaktigen Fill*. Dabei wechselt die Figur zwischen Downbeat und Offbeat.

Moving Around the Kit 1.10

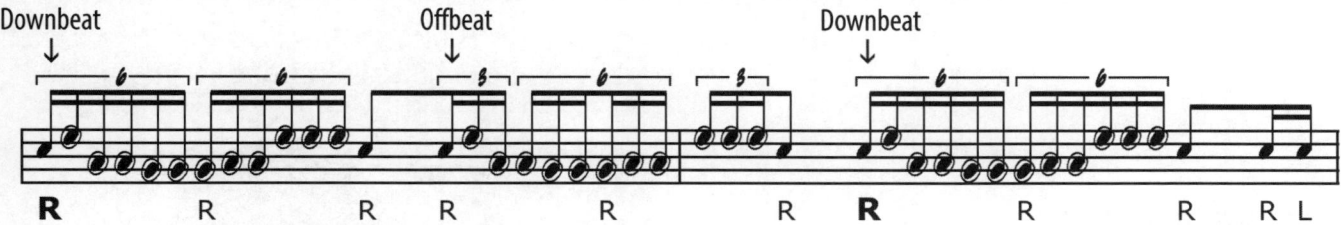

Zum Schluss kommt auch hier die Bass Drum dazu. Du füllst die *Lücken mit jeweils zwei Bass Drum-Schlägen*. Ansonsten bleibt alles gleich.

Moving Around the Kit 1.11

www.jostnickel.com

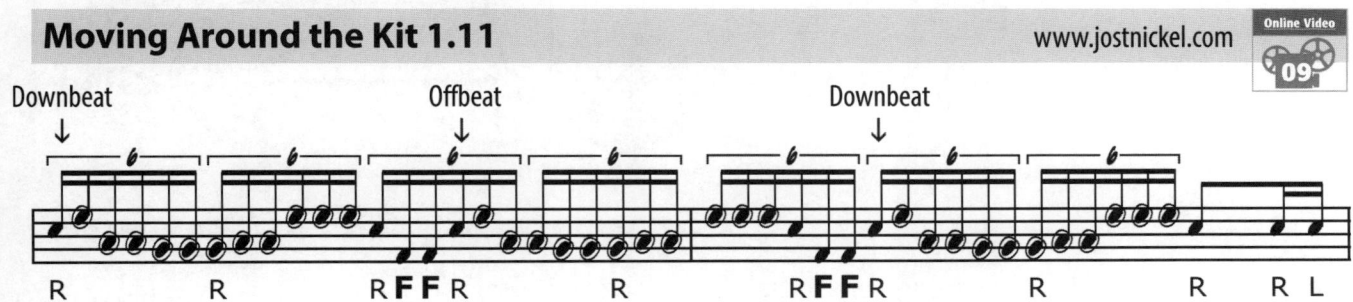

Moving Around the Kit 2

In diesem Abschnitt geht es um eine *6er-Gruppe* in Sechzehnteltriolen, bei der die rechte Hand gegen den Uhrzeigersinn und die linke im Uhrzeigersinn spielt.

Die *rechte Hand* spielt einen Loop aus drei Instrumenten:
Ride-Becken (plus Bass Drum), Snare und Floortom

Die *linke Hand* spielt ebenfalls einen Loop aus drei Instrumenten:
Snare, Hängetom und Floortom

Hier zur Verdeutlichung die Orchestrierung der rechten Hand. Die linke Hand ist im folgenden Notenbeispiel *ausgeblendet*, damit du besser siehst, was die rechte tut.

Moving Around the Kit 2.1 (Rechte Hand spielt: Ride-Becken plus Bass Drum, Snare & Floortom)

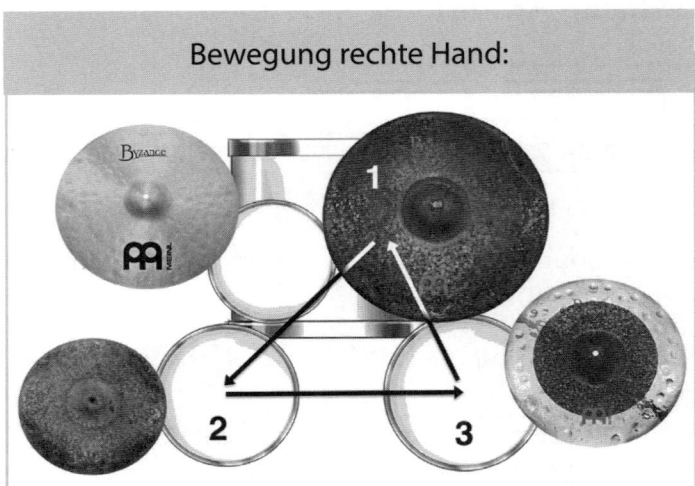

Und nun die gleiche Herangehensweise für die linke Hand. Die rechte Hand ist im folgenden Notenbeispiel *ausgeblendet*, damit du besser siehst, was die linke tut.

Moving Around the Kit 2.2 (Linke Hand spielt: Snare, Hängetom & Floortom)

Wenn du beide Hände gleichzeitig spielst, sieht das Ganze so aus:

Kapitel 7 | Moving Around the Kit

Moving Around the Kit 2.3 (Ausgangsfigur | beide Hände zusammen)

Diese Figur spielst du nun über einen Takt.

Moving Around the Kit 2.4 (Ausgangsfigur über einen Takt)   CD 55

Nun möchte ich dir zeigen, wie du dieses Fill auf das in *Kapitel 4* (*siehe S. 61ff*) erklärte Konzept der *6er- & 3er-Gruppen* überträgst, bei dem die 6er-Gruppe zwischen Downbeat und Offbeat wechselt. Die 6er-Gruppe kennst du bereits, jetzt fehlt nur noch eine gut dazu passende 3er-Gruppe.

Moving Around the Kit 2.5 (3er-Gruppe)

> Schlag 2 und 3 der 3er-Gruppe werden als Ghostnotes gespielt.

Jetzt kombinierst du die 6er- und 3er-Gruppen mithilfe von **Lesetext 4** (*6er- & 3er-Gruppen in Sechzehnteltriolen*). Hier **Kombination 1** dieses Lesetextes als Basis für das folgende Fill.

6	6	6	6	3	6	6	6	3
1 +	2 +	3 +	4 +	1 +	2 +	3 +	4 +	

Die 3er-Gruppen sind grau markiert. Der zugrundeliegende Rhythmus steht in Zeile 2.

Moving Around the Kit 2.6 (Kombination 1 von Lesetext 4)   www.jostnickel.com   Online Video 10

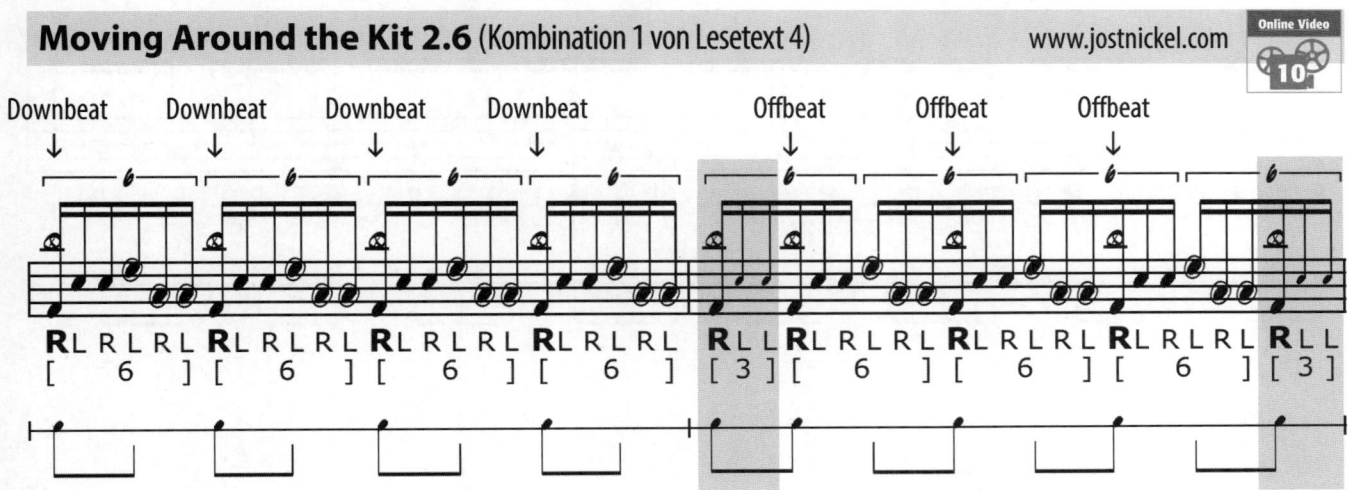

So geht's weiter:

Jetzt übst du alle zweitaktigen Kombinationen anhand unten stehender Übeanleitung.
Dies geht am besten mit **Lesetext 4** (*6er- & 3er-Gruppen in Sechzehnteltriolen*).

Übeanleitung	
Starttempo:	**Viertel** = 60
Anzahl der Tempi:	3
Anzahl Durchgänge pro Tempo:	2 mal jedes Fill des Lesetextes
Form:	2 Takte Groove + 2 Takte Fill
Laut zählen:	Viertel und „Klick" | bei Bedarf Achtel
Dauer der Übung:	ca. 15 Minuten

Moving Around the Kit 3

Jetzt änderst du die Subdivison und spielst die 6er-Gruppe in Sechzehntelnoten.
Zuerst als eintaktiges Fill.

Moving Around the Kit 3.1

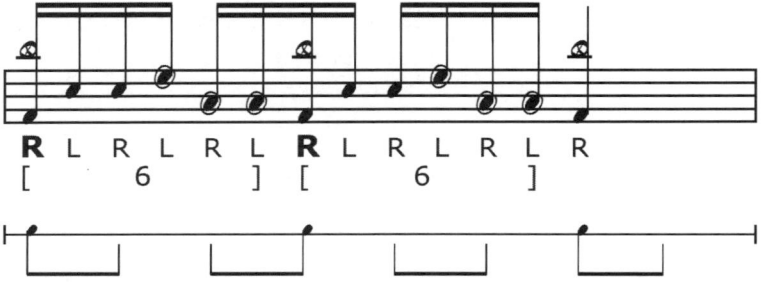

Unbedingt auch über zwei Takte probieren:

Moving Around the Kit 3.2

www.jostnickel.com

Kapitel 8

Step–Hit–HiHat

In diesem Kapitel geht es um eine klangliche Besonderheit, die ich oft und gerne in Fills benutze: die **Step–Hit–HiHat** [*engl.: step = treten und hit = schlagen*]. Die deutsche Übersetzung klingt reichlich brutal, denn tatsächlich erzeugst du mit der Step–Hit–HiHat filigrane Klänge. Der besondere Sound entsteht dadurch, dass du deine HiHat zuerst mit dem Fuß spielst (trittst) und direkt danach mit der Hand spielst (schlägst). In *Kapitel 2* gab es beim Orchestrierungskonzept *Foot Swap* auf *Seite 36* schon einen kleinen Vorgeschmack auf die Step–Hit–HiHat.

Jetzt zeige ich dir ein paar schöne Fills, die auf – aus diesem Buch bekannten – rhythmischen Konzepten basieren. Los geht's mit einer 9er-Gruppe in Sechzehnteltriolen (*vgl. dazu Seite 67–70*).

Step–Hit–HiHat 1 (Ausgangsfigur)

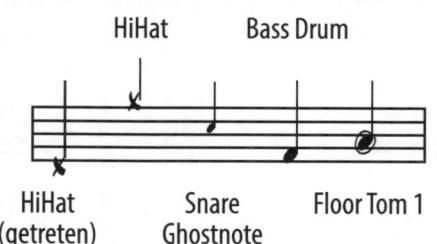

Nun spielst du die Ausgangsfigur so oft, dass daraus ein *zweitaktiges* Fill entsteht. Dadurch dass die Ausgangsfigur neun Sechzehnteltriolen lang ist, wechselt sie automatisch zwischen Downbeat und Offbeat. In *Zeile 2* siehst du die zugrundeliegende Rhythmik des Fills (*Achtel*). Am Ende des Fills habe ich den Handsatz so verändert, dass du mit der rechten Hand die nächste „1" spielen kannst. Jeder zweite Durchgang ist **grau** markiert.

Step–Hit–HiHat 1.1 (zweitaktiges Fill) — CD 56

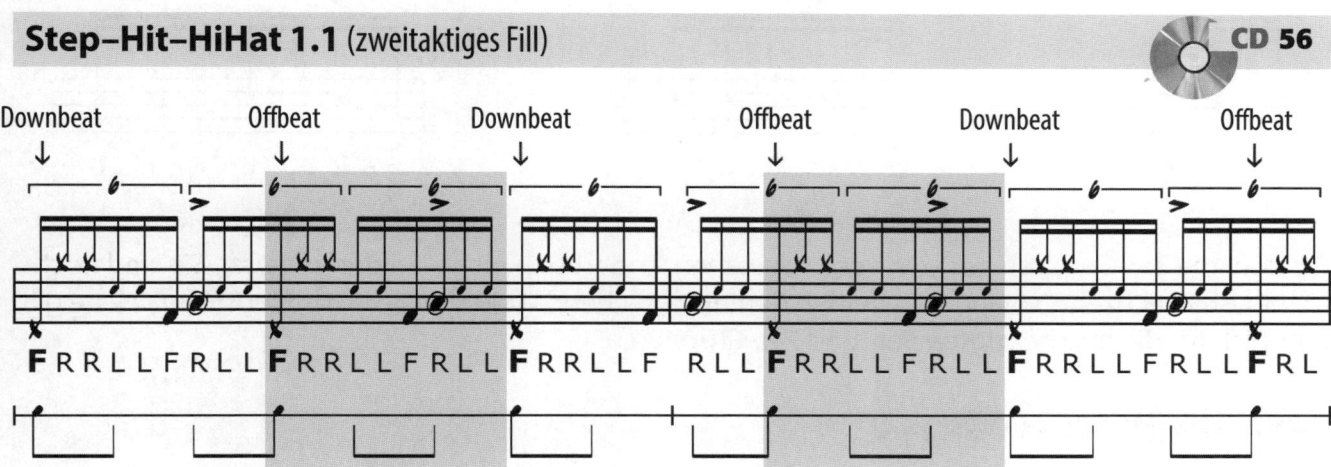

Natürlich klingt es auch gut, wenn das Fill *nicht* auf der „1" anfängt. Im nächsten Beispiel fängt die 9er-Gruppe auf der „1+" an. Wieder ist jeder zweite Durchgang **grau** markiert.

Step–Hit–HiHat 1.2 (Ausgangsfigur startet auf der „1+")

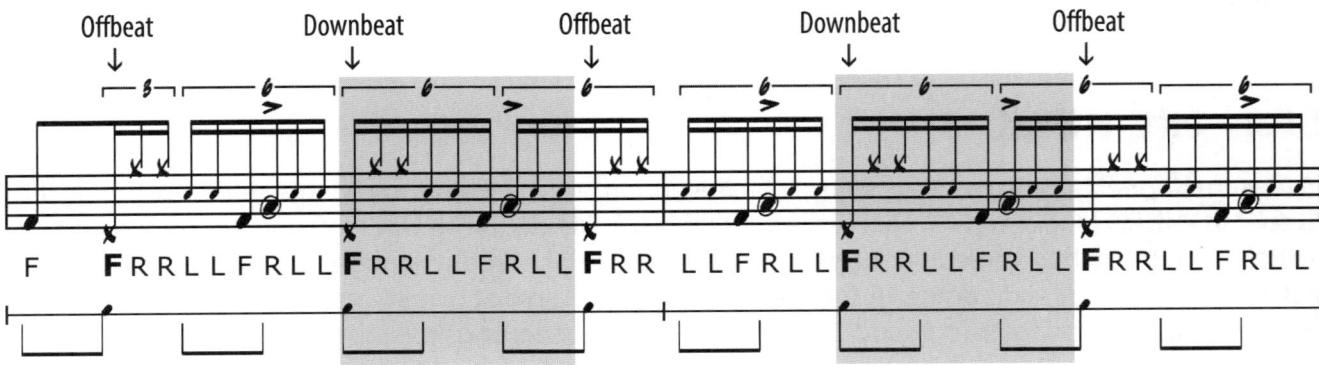

Step–Hit–HiHat 2

Jetzt kommen wir zu einem Step-Hit-Fill, das auf 3er-, 5er- und 7er-Gruppen in Sechzehntelnoten basiert. Es handelt sich hier um eine Abwandlung der Handsätze, die am Anfang von *Kapitel 6* gezeigt werden. Damit du nicht umblättern musst, hier zur Erinnerung noch einmal die Handsätze:

Jetzt verdoppelst du die jeweils erste Note (*aus einer Sechzehntel werden zwei Zweiunddreißigstel*). Den daraus resultierenden Doppelschlag teilst du zwischen dem linken Fuß (*step*) und der rechten Hand (*hit*) auf. Hier das Ergebnis:

 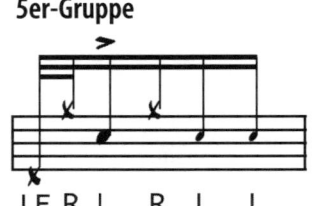 

Obwohl die 3er-Gruppen aus vier Noten bestehen, ändert sich nichts an deren Dauer. Sie sind noch immer drei Sechzehntel lang und heißen dementsprechend weiterhin 3er-Gruppen. Das Gleiche gilt natürlich für die hier gezeigten 5er- und 7er-Gruppen.

Step–Hit–HiHat 2 (Ausgangsfiguren)

Diese drei Gruppen kombinierst du mithilfe von **Lesetext 9** (*3er-, 5er- & 7er-Gruppen in Sechzehntelnoten*). Hier zur Verdeutlichung **Kombination 1** dieses Lesetextes als Basis für das folgende Fill.

3		3		5				5				7						7				+2	
1	e	+	d	2	e	+	d	3	e	+	d	4	e	+	d	1	e	+	d	2	e	+	d	3	e	+	d	4	e	+	d

Kapitel 8 | Step–Hit–HiHat

In Zeile 2 steht der zugrundeliegende Rhythmus.

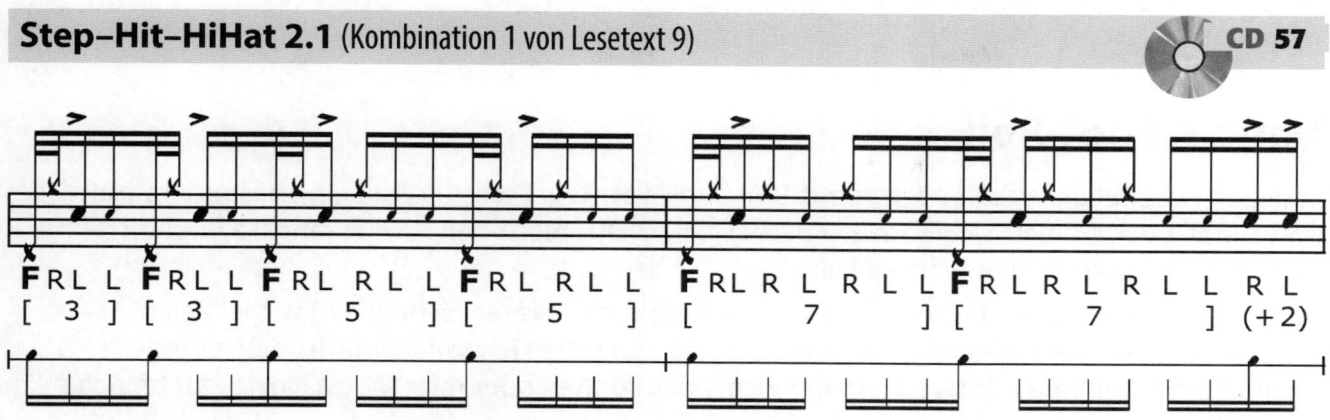

Wenn du diesen Sound magst, solltest du alle Kombinationen von **Lesetext 9** üben.

Übeanleitung	
Starttempo:	**Viertel** = 60
Anzahl der Tempi:	3
Anzahl Durchgänge pro Tempo:	2 mal jedes Fill des Lesetextes
Form:	2 Takte Groove + 2 Takte Fill
Laut zählen:	Viertel und „Klick" | bei Bedarf Sechzehntel
Dauer der Übung:	ca. 15 Minuten

Wenn dir **Lesetext 9** zu schwer vorkommt, übe zuerst **Lesetext 8** (*3er & 5er / 3er & 7er / 5er & 7er in Sechzehntelnoten*). Der ist rhythmisch weniger anspruchsvoll, weil hier immer nur zwei der drei Gruppen kombiniert werden.

Wenn du diese *3er-, 5er- & 7er-Gruppen* in Achteltriolen spielen möchtest, nimmst du zuerst **Lesetext 10** (*3er & 5er / 3er & 7er / 5er & 7er in Achteltriolen*), bei dem immer nur zwei der drei Gruppen kombiniert werden und anschließend **Lesetext 11** (*3er-, 5er- & 7er-Gruppen in Achteltriolen*).

Kapitel 9

Hand & Foot-Roll

In diesem Kapitel geht es um den **Hand-Roll** und **Foot-Roll**. Dieser Roll ist eine besonders kraftvolle und auffällige Art, einen *Single Stroke Roll* zu spielen. Du spielst den Roll (anfangs) zwischen deiner rechten Hand und deinem rechten Fuß.

Zugegebenermaßen ist dies recht schwierig. Das Erlernen dieser Technik nimmt viel Zeit in Anspruch. Und es geht hier nicht einmal um etwas, von dem ich sagen würde, dass es jeder Trommler können *muss*. Entweder man *möchte* das können oder man sagt: „Och nö, das brauche ich nicht."

Da du jetzt noch immer liest, nehme ich an, dass du den Roll gerne in dein Spiel integrieren möchtest. Wir beginnen mit einer Vorübung in *Triolen*. Die rechte Hand beginnt und spielt das Floortom. In den *Vorübungen 1* und *2* spielst du im ersten Takt nur die rechte Hand. In Takt 2 kommt die Bass Drum dazu, während die Figur in der Hand (*inkl. der Akzente*) unverändert bleibt. Die Hand führt!

Die folgenden fünf Vorübungen wechsle ich *nicht* mit Grooves ab, da es sich um reine Technik-übungen handelt.

Hand & Foot-Roll 1 (Vorübung 1)

Hand & Foot-Roll 2 (Vorübung 2)

In *Vorübung 3* kombinierst du den jeweils zweiten Takt der vorangegangenen Übungen.

Hand & Foot-Roll 3 (Vorübung 3)

Sobald du dich mit *Vorübung 3* wohlfühlst, solltest du die *linke Hand* (*Hängetom*) dazu nehmen. Dies passiert in den *Zeilen 2* und *3* der folgenden Übung.

In *Zeile 2* spielst du die Rolls mit der *linken Hand* (*Hängetom*) anstelle der rechten.

In *Zeile 3* spielst du die Rolls mit *beiden Händen* abwechselnd und akzentuierst alle Schläge.

Hand & Foot-Roll 4 (Vorübung 4)

R F etc.

L F etc.

R F L F etc.

Übeanleitung	
Starttempo:	**Viertel** = 60
Anzahl der Tempi:	5
Anzahl Durchgänge pro Tempo:	4 mal oben stehende Übung
Laut zählen:	Viertel und „Klick"
Dauer der Übung:	ca. 10 Minuten

Alternativ zu *Vorübung 4* kannst du die gleiche Übung auch in Zweiunddreißigsteln spielen (*siehe Vorübung 5*). Da beide Übungen dieselbe technische Fähigkeit schulen, würde ich nur eine der beiden Übungen pro Tag üben. Solltest du beide Übungen schon relativ flüssig spielen können, kannst du sie tageweise abwechseln. Wenn nicht, konzentriere dich auf eine von beiden.

Hand & Foot-Roll 5 (Vorübung 5)

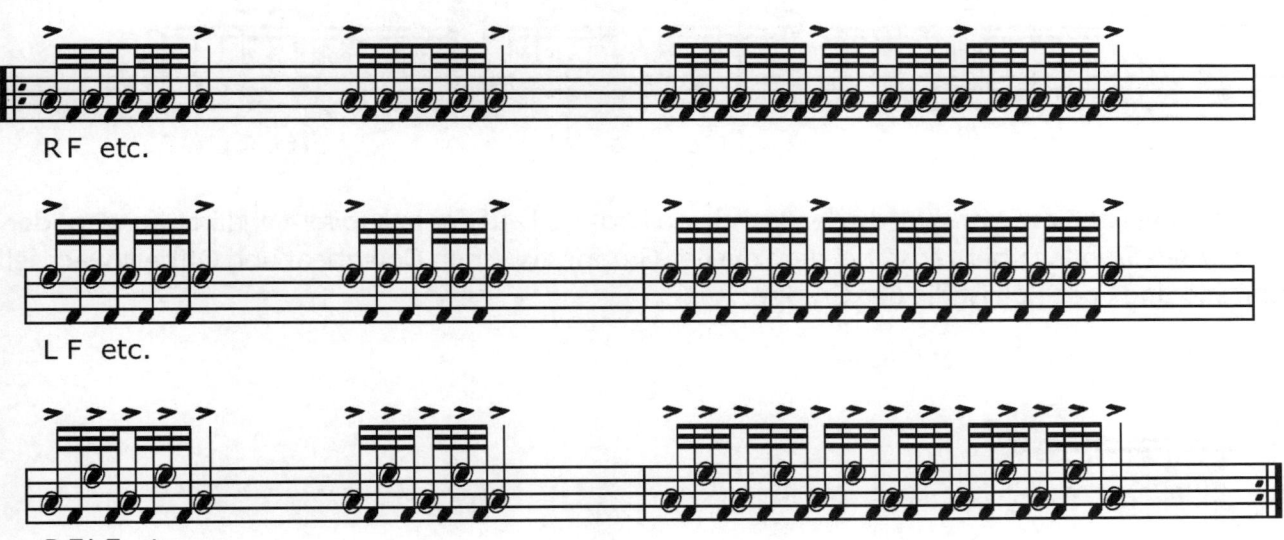

R F etc.

L F etc.

R F L F etc.

Übeanleitung	
Starttempo:	**Achtel** = 100
Anzahl der Tempi:	5
Anzahl Durchgänge pro Tempo:	4 mal oben stehende Übung
Laut zählen:	Viertel und „Klick"
Dauer der Übung:	ca. 10 Minuten

Übetipp:

Ich würde dir empfehlen, die Vorübungen 4 oder 5 grundsätzlich in deinen Übeplan aufzunehmen und dann den Roll jeden Tag ca. 10 Minuten zu üben, bis du ihn flüssig spielen kannst.

Hand & Foot-Roll: Kombinationsfills in Sechzenteltriolen

Kommen wir nun zu *Kombinationsübungen*, bei denen du bereits bekannte Figuren mit dem Hand und Foot-Roll kombinierst.

Zuerst ein Fill in Sechzehnteltriolen. Du beginnst mit *Beispiel 1* aus *Kapitel 4* (*siehe Seite 61*) und kombinierst diese Figur mit dem Hand und Foot-Roll. Spiele dieses Fill abwechselnd mit *drei* bzw. *sieben Takten Groove*.

Hand & Foot-Roll 6 (Kombinationsübung 1)

R L R L L F R F etc.

In *Kombinationsübung 2* wiederholst du die ersten drei Viertel des oben stehenden Fills bis zwei Takte komplett sind. Der zweite Durchgang ist **grau** markiert.

Spiele dieses Fill abwechselnd mit zwei bzw. sechs Takten Groove.

Hand & Foot-Roll 7 (Kombinationsübung 2)

www.jostnickel.com

R L R L L F R F etc.   R L R L L F   R F etc.   R L R L L F

Jetzt möchte ich dir zeigen, wie du den Hand und Foot-Roll auf das in *Kapitel 4* erklärte Konzept der *6er- und 3er-Gruppen* überträgst, bei dem die 6er-Gruppe zwischen Downbeat und Offbeat wechselt. Der Hand und Foot-Roll ist die 6er-Gruppe:

Hand & Foot-Roll 8 (6er-Gruppe)

R   F   etc.

Kapitel 9 | Hand & Foot-Roll

Diese *6er-Gruppe* kombinierst du mit einer *3er-Gruppe*. Dazu nimmst du die bereits bekannte 3er-Gruppe **R L F**, bei der du beide Hände akzentuierst.

Hand & Foot-Roll 9 (3er-Gruppe)

Jetzt kombinierst du die 6er- und 3er-Gruppen mithilfe von **Lesetext 4** (*6er- & 3er-Gruppen in Sechzehnteltriolen*). Hier **Kombination 3** dieses Lesetextes als Basis für das folgende Fill.

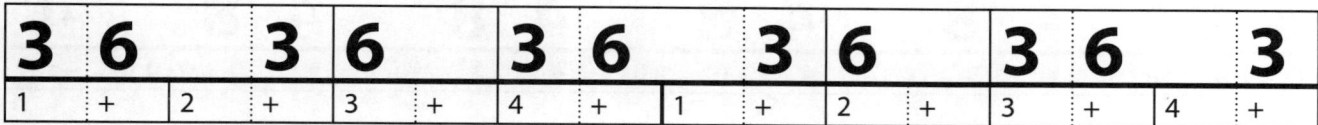

Das auf dieser Kombination beruhende Fill siehst du in *Hand & Foot-Roll 10*. Die 3er-Gruppen sind **grau** markiert und der zugrundeliegende Rhythmus steht in Zeile 2.

Hand & Foot-Roll 10 (Kombinationsübung 3 / 6er- & 3er-Gruppen Kombination)   www.jostnickel.com

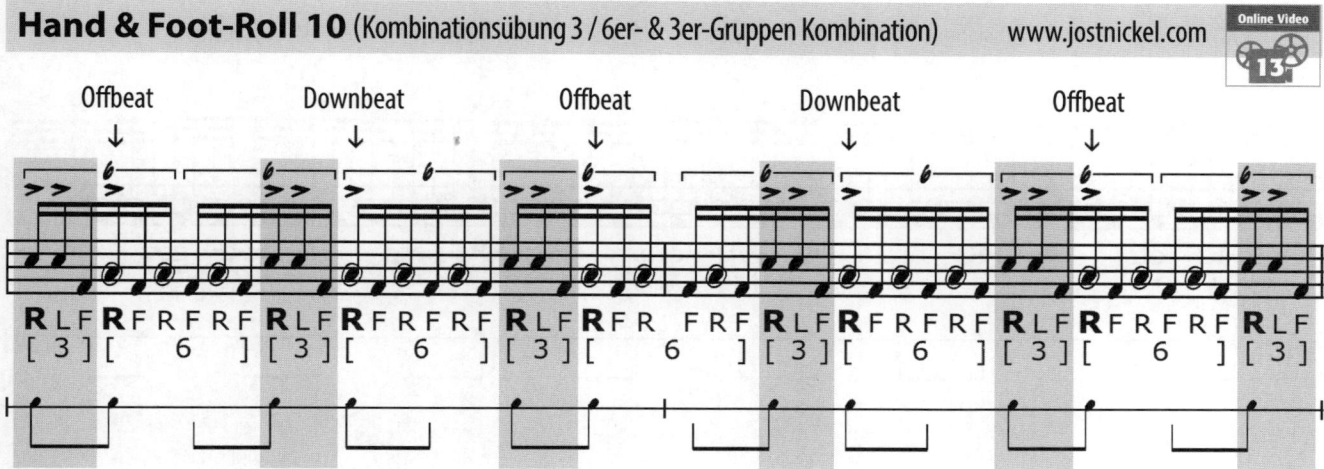

Es lohnt sich sehr alle Kombinationen von **Lesetext 4** (*6er- & 3er-Gruppen in Sechzehnteltriolen*) zu üben.

Hand & Foot-Roll: Kombinationsfills in Zweiunddreißigstelnoten

Natürlich kannst du den Hand und Foot-Roll auch auf die verschiedenen Konzepte in Zweiunddreißigstelnoten aus *Kapitel 5* (*Seite 79*) übertragen. Der Hand und Foot-Roll ist die 8er-Gruppe:

Hand & Foot-Roll 11 (8er-Gruppe)

Diese 8er-Gruppe kombinierst du mit einer 4er-Gruppe. Dazu nimmst du die bereits bekannte 4er-Gruppe **R L L F**.

Hand & Foot-Roll 12 (4er-Gruppe)

Jetzt kombinierst du die 8er- & 4er-Gruppen mithilfe von **Lesetext 6** (*8er- & 4er-Gruppen in Zweiunddreißigstelnoten*). Hier **Kombination 3** dieses Lesetextes als Basis für das folgende Fill.

4	8	4	8	4	8	4	8	4	8	4
1	+	2	+	3	+	4	+	1	+	2	+	3	+	4	+

Das auf dieser Kombination beruhende Fill siehst du in *Hand & Foot-Roll 13*. Die 4er-Gruppen sind **grau** markiert und der zugrundeliegende Rhythmus steht in Zeile 2.

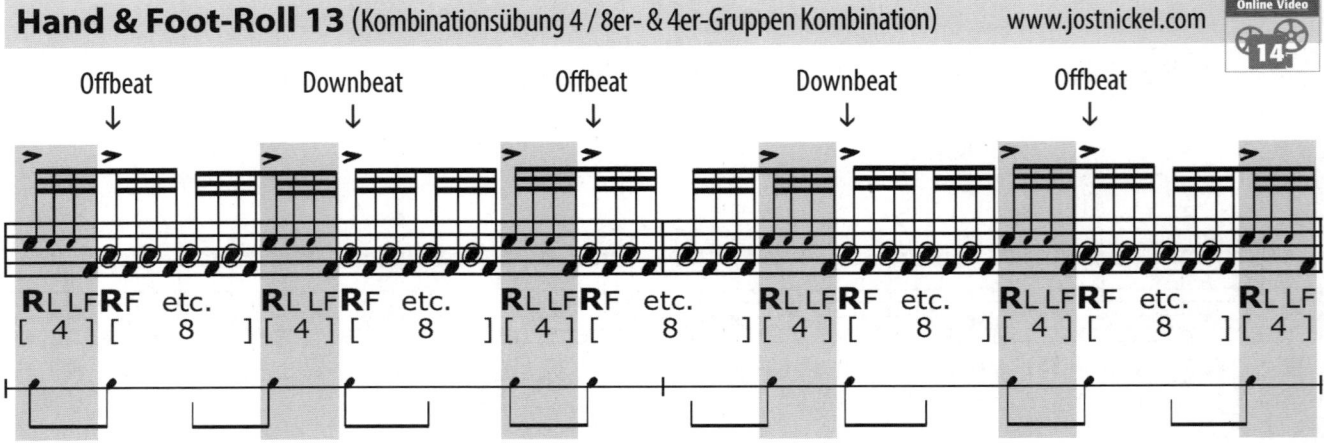

Hand & Foot-Roll 13 (Kombinationsübung 4 / 8er- & 4er-Gruppen Kombination)

Für mehr Fills dieser Art übst du die restlichen Kombinationen von **Lesetext 6** (*8er- & 4er-Gruppen in Sechzehntelnoten*).

Tipp:

Natürlich könntest du den Hand und Foot-Roll auch noch auf das aus *Kapitel 5* bekannte rhythmische Konzept der *6er- & 4er-Gruppen* übertragen (*siehe Seite 85*).

Aber: Man kann nicht alles üben und auch nicht alles können. Ich würde also sagen, dass du dich im Moment mehr als ausreichend mit der Idee befasst hast. Wenn's dich sehr interessiert, machst du später weiter mit dem Hand und Foot-Roll, blätterst *jetzt* aber erst einmal um und widmest dich dem nächsten Kapitel.

Kapitel 10

Cymbal Choke Fills

Wenn du ein Becken unmittelbar nach dem Anschlag wieder mit der Hand abstoppst, entsteht ein charakteristischer Sound, den ich gerne in Fills und Grooves einsetze.

Auf englisch heißt das Ganze „Cymbal Choke" [engl.: to choke = unterdrücken, ersticken]. Darum geht es in diesem Kapitel.

Bei dem folgenden Fill spielst *und* stoppst du dein Becken mit der linken Hand. Deswegen nimm unbedingt ein Becken, das du gut mit der linken Hand erreichen kannst.

Das Abstoppen passiert zeitgleich mit dem Treten der Bass Drum und ist im Notenbild durch einen Pfeil markiert.

Die Figur geht über einen halben Takt und beginnt dann wieder von vorn. Ich spiele bei diesen Fills das Becken als Auftakt. Die ersten drei Noten am Anfang des Fills machen für mich das Fill aus.

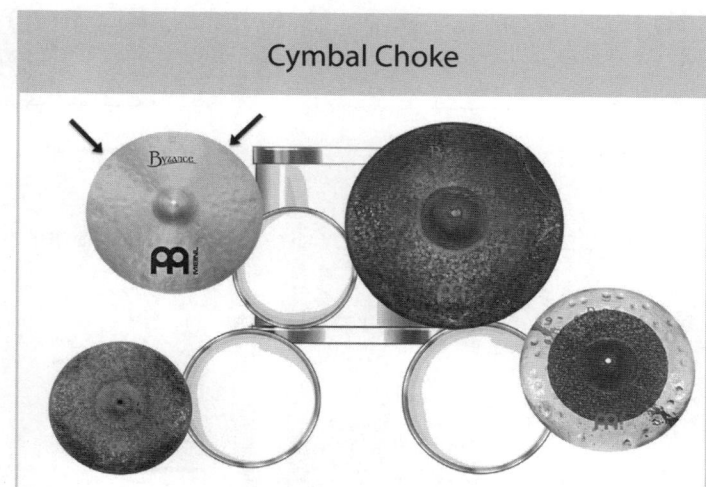

1. **Crashbecken (ohne Bass Drum)**
2. **Snareakzent**
3. **Stoppen des Beckens (zeitgleich mit der Bass Drum)**

Choke 1

Jetzt verkürzt du die Figur so, dass sie direkt nach dem Doppelschlag in der Bass Drum von vorn beginnt:

Choke 2 (6er-Gruppe)

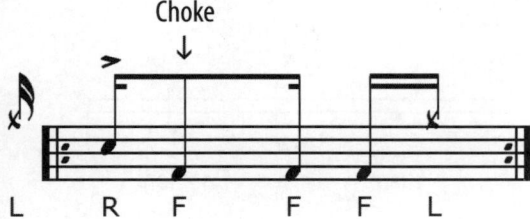

Diese Figur ist sechs Sechzehntelnoten lang, wir nennen sie also folgerichtig *6er-Gruppe* und spielen sie über einen Takt. In *Zeile 2* siehst du den zugrundeliegenden Rhythmus. Der zweite Durchgang der 6er-Gruppe ist **grau** markiert.

Choke 3 (6er-Gruppe über einen Takt)

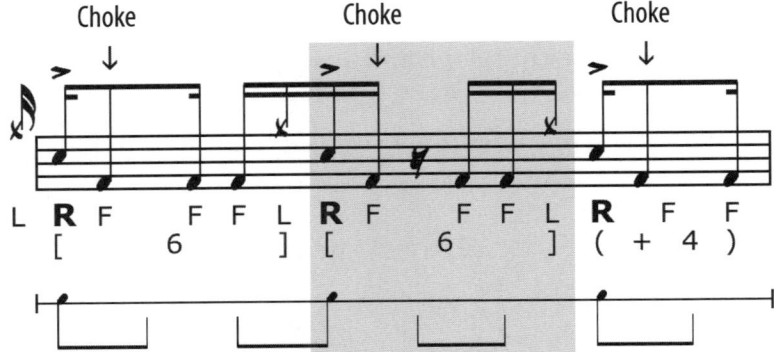

Jetzt spielst du dieselbe Figur über *zwei* Takte. Jeder zweite Durchgang ist **grau** markiert.

Choke 4 (6er-Gruppe über zwei Takte)

www.jostnickel.com

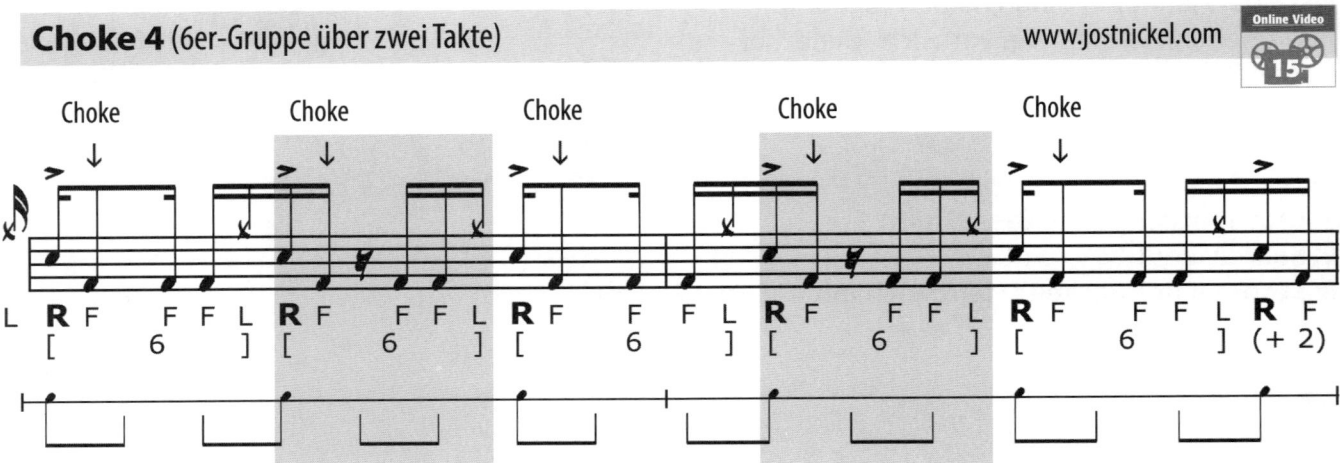

Wie gesagt: Die ersten drei Noten am Anfang des Fills machen das Fill aus.

1. Crashbecken (ohne Bass Drum)
2. Snareakzent
3. Stoppen des Beckens (zeitgleich mit der Bass Drum)

Immer wenn mich eine solche Schlagabfolge begeistert, probiere ich, sie in andere rhythmische Zusammenhänge zu packen.

Das nächste Beispiel zeigt, das Fill in geänderter Form als *5er-Gruppe*, wobei die ersten drei Schläge unverändert sind (da sie ja den Klang des Fills ausmachen).

Choke 5 (5er-Gruppe)

Kapitel 10 | Cymbal Choke Fill

Die 5er-Gruppe spielst du jetzt als *eintaktiges* Fill. Am Ende des Fills habe ich der 5er-Gruppe einen *Flam* verpasst, um einen schönen Abschluss zu haben.

Choke 6 (5er-Gruppe über einen Takt)

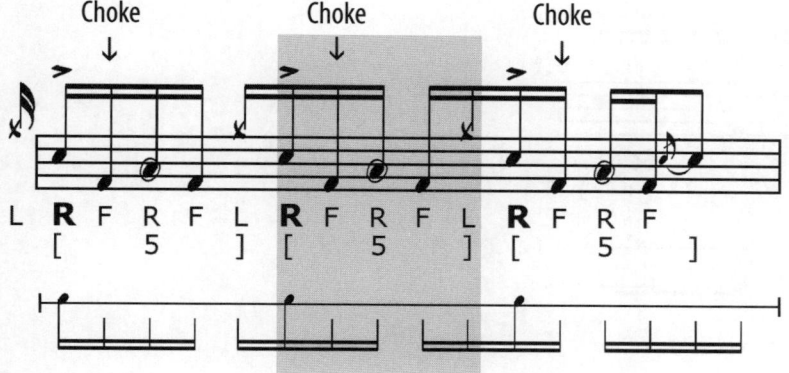

Jetzt spielst du dieselbe Figur über *zwei* Takte (jeder zweite Durchgang ist grau markiert).

Choke 7 (5er-Gruppe über zwei Takte)

www.jostnickel.com

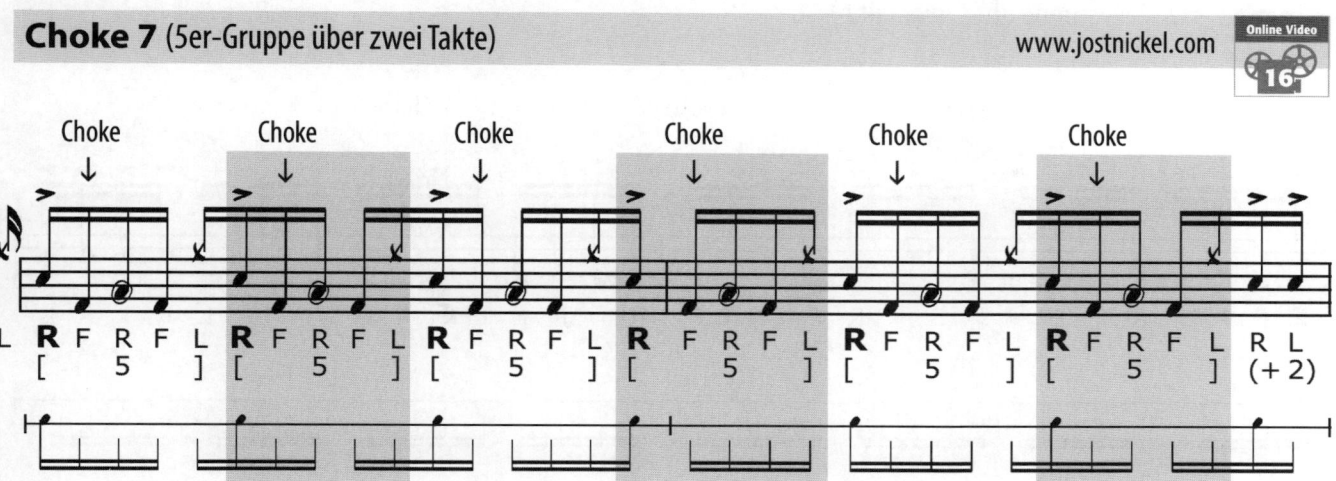

Das nächste Beispiel zeigt das Fill in geänderter Form als *7er-Gruppe*.
Die ersten fünf Schläge sind identisch mit der 5er-Gruppe.

Choke 8 (7er-Gruppe)

Die 7er-Gruppe spielst du jetzt als *eintaktiges* Fill.

Choke 9 (7er-Gruppe über einen Takt)

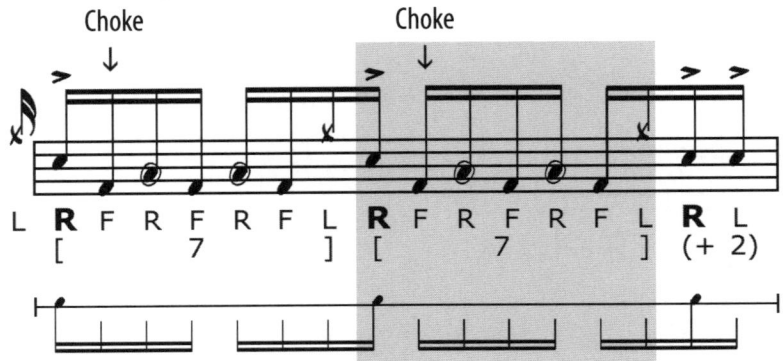

Jetzt spielst du die 7er-Gruppe über zwei Takte (jeder zweite Durchgang ist **grau** markiert).

Choke 10 (7er-Gruppe über zwei Takte)

www.jostnickel.com

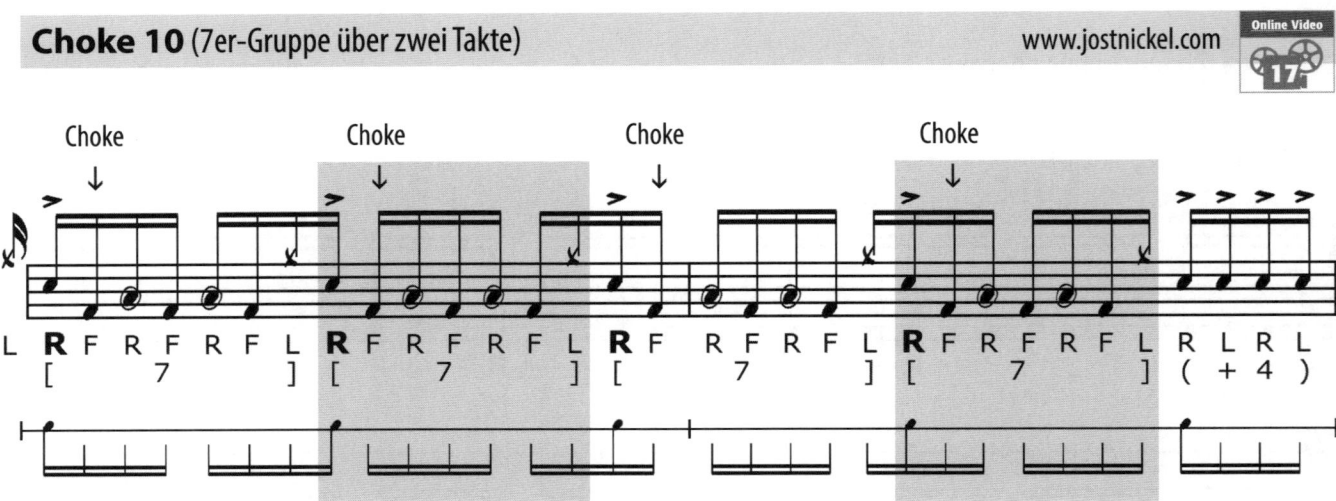

Zum Schluss hier eine Kombination aus den *6er-, 5er- und 7er-Gruppen* dieses Kapitels.
Du spielst zweimal die 6er-Gruppe, zweimal die 5er-Gruppe und am Ende einmal die 7er-Gruppe, wobei der letzte Schlag der 7er-Gruppe ein *Flam* auf der Snare ist.

Choke 11 (Kombinationsfill)

www.jostnickel.com

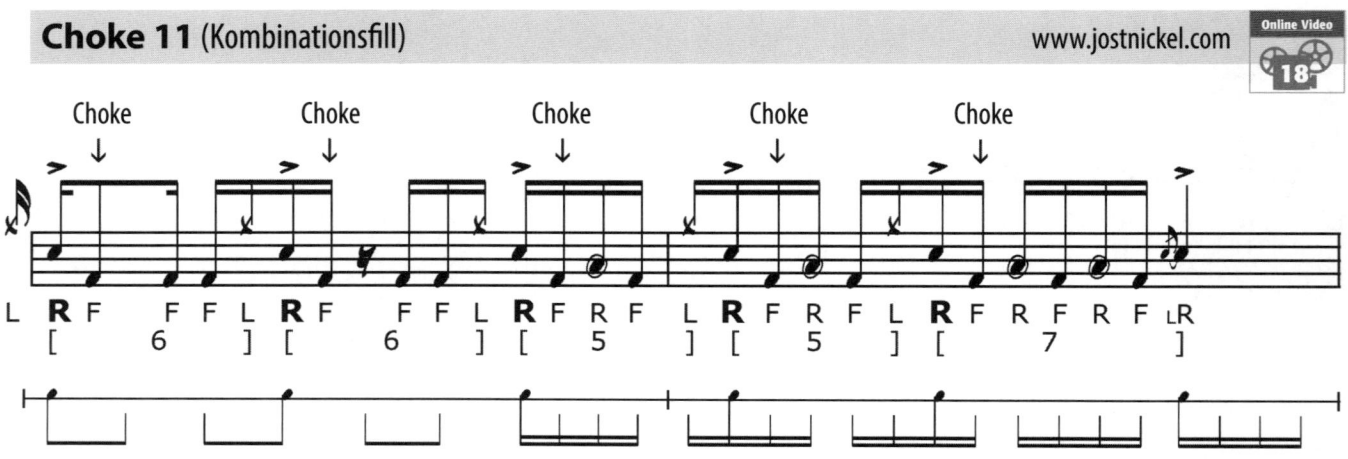

Cymbal Choke plus Hand & Foot-Roll

Sehr gerne kombiniere ich den aus *Kapitel 9* bekannten *Hand & Foot-Roll* mit einem abgestoppten Becken. Hier eine Figur in Sechzehnteltriolen.

Das Becken spielst du mit *rechts*. Gestoppt wird das Becken aber mit der *linken Hand*.
Und zwar zeitgleich mit dem Snareschlag am Ende der Figur (*Choke ist im Notenbild durch einen Pfeil von unten markiert*).

Choke 12 (Sechzehnteltriolen / Ausgangsfigur)

Jetzt spielst du diese Figur *zweimal*, so dass das Fill über einen Takt geht.

Choke 13 (Sechzehnteltriolen / Ausgangsfigur über einen Takt)

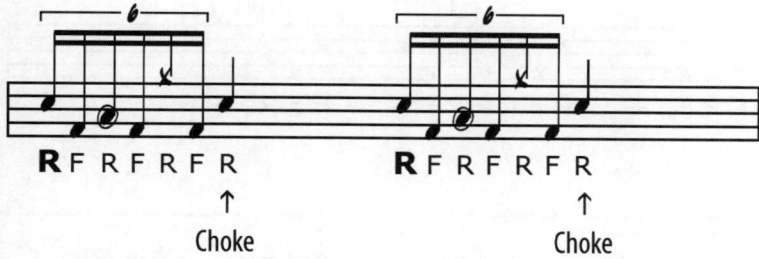

Sehr schön klingt es auch, wenn du den Hand und Foot-Roll auf einem Offbeat beginnst. Zum Beispiel auf der „1+" wie im folgenden Beispiel.

Choke 14 (Sechzehnteltriolen / Ausgangsfigur um eine Achtelnote verschoben)

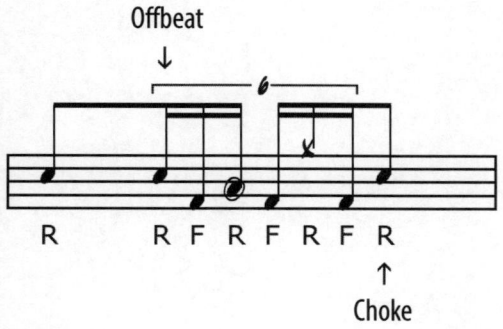

Natürlich musst du den Start auf dem Downbeat mit dem Start auf dem Offbeat in einem Fill miteinander kombinieren. Hier zuerst in einem *eintaktigen* Fill mit zugrundeliegender Rhythmik in *Zeile 2*.

Choke 15 (Sechzehnteltriolen / Downbeat & Offbeat abwechselnd 1)

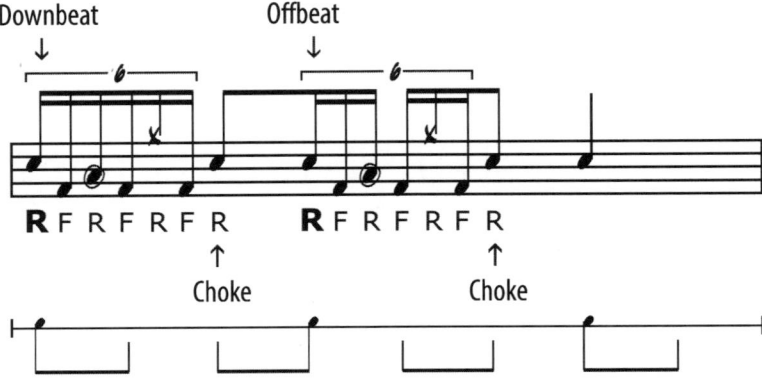

Hier zum Schluss dieselbe Idee als *zweitaktiges* Fill mit zugrundeliegender Rhythmik in *Zeile 2*.

Choke 16 (Sechzehnteltriolen / Downbeat & Offbeat abwechselnd 2) www.jostnickel.com

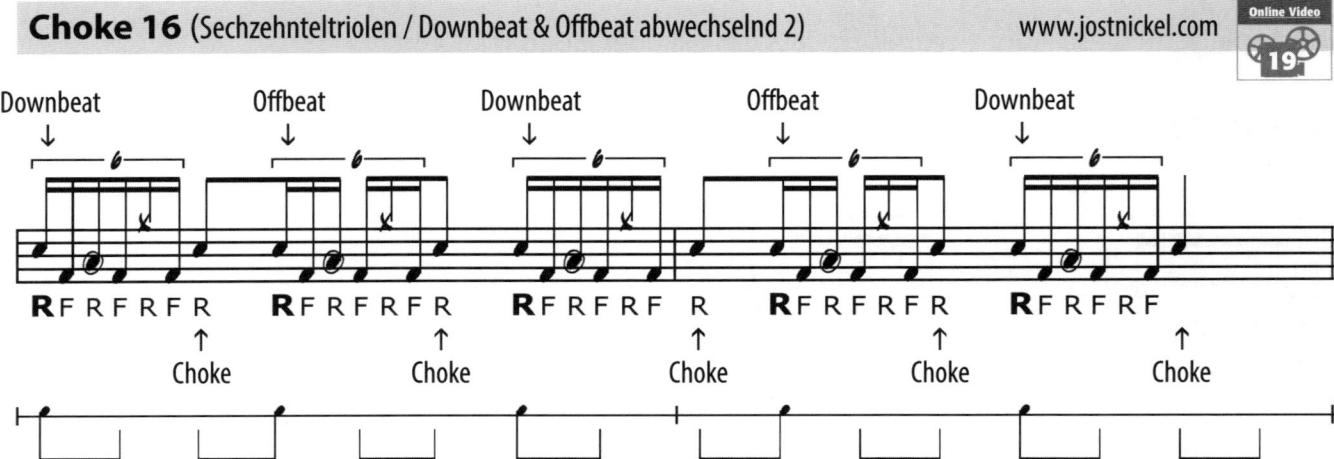

Kapitel 11

Stick-Shot

Der charakteristische hölzerne Klang des *Stick-Shots* entsteht dadurch, dass du mit einem Stick auf den anderen schlägst. Mit dem ersten Schlag presst du die Stockspitze auf das Fell. Dabei verwendest du gerade so viel Druck, dass der Stock nicht zurückspringt oder federt.

Die andere Hand schlägt nun auf den auf das Fell gepressten Stock. Hier zeige ich dir ein paar meiner Lieblings-Stick-Shot-Fills, die auf aus diesem Buch bekannten rhythmischen Konzepten basieren.

Diese Note zeigt im Notenbild den ersten Schlag, bei dem die Stockspitze auf dem Fell bleibt. Dieser Schlag wird immer mit der *linken Hand* gespielt.

Diese Note zeigt im Notenbild die Folgeschläge, bei denen du mit der *linken Hand* den Stock auf dem Fell fixierst und mit der *rechten Hand* darauf spielst.

Stick-Shot 1

Los geht's mit *4er- & 2er-Gruppen in Sechzehntelnoten*, die du aus *Kapitel 2* kennst (*vgl. dazu Seite 30*). Der zu Beginn der 4er-Gruppe gespielte Schlag verbleibt auf dem Fell. Alle Schläge der rechten Hand spielst du auf dem Stick der linken Hand.

Stick-Shot 1 (Ausgangsfiguren)

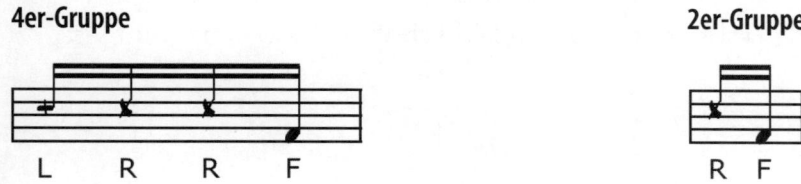

Diese Gruppen kombinierst du mithilfe von **Lesetext 1** (*4er- & 2er-Gruppen in Sechzehntelnoten*). Hier zur Verdeutlichung **Kombination 1** dieses Lesetextes als Basis für das folgende Fill.

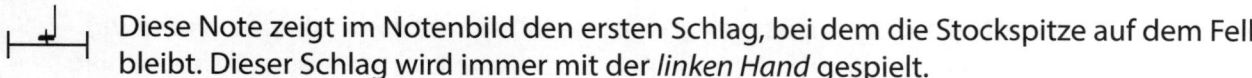

Zur Erinnerung: Die Position der 4er-Gruppe wechselt durch die Kombination mit der 2er-Gruppe zwischen Downbeat und Achtel-Offbeat.

Stick-Shot 1.1 (Kombination 1 von Lesetext 1) — www.jostnickel.com

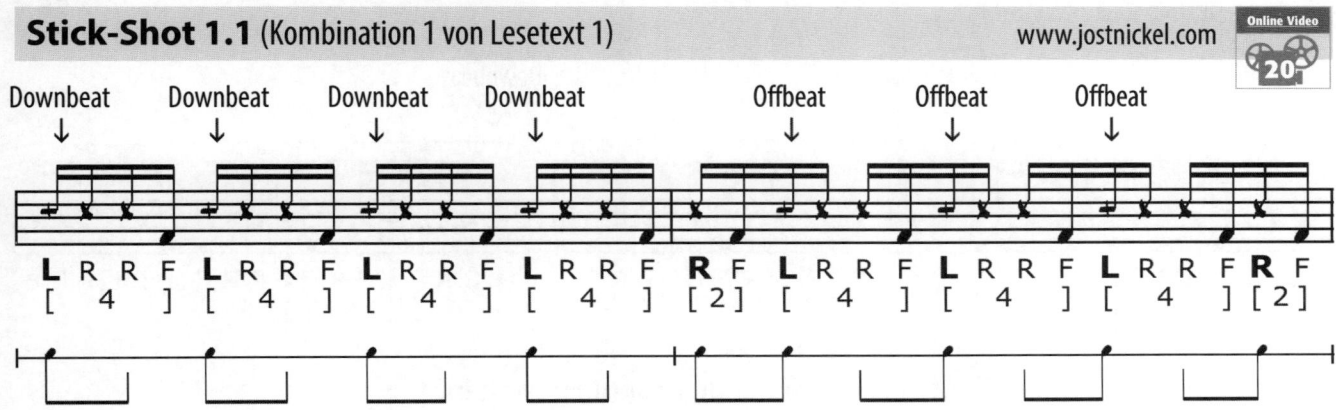

Auf **Lesetext 9** findest du mehr Kombinationen aus 4er- & 2er-Gruppen, die sich hervorragend zum Üben eignen!

Übeanleitung	
Starttempo:	**Viertel** = 70
Anzahl der Tempi:	3
Anzahl Durchgänge pro Tempo:	2 mal jedes Fill des Lesetextes
Form:	2 Takte Groove & 2 Takte Fill
Laut zählen:	Viertel und „Klick" / bei Bedarf Sechzehntel
Dauer der Übung:	ca. 15 Minuten

Stick-Shot 2

Nun änderst du die Subdivision: Du spielst die 4er-Gruppe in Sechzehnteltriolen. Bei *Vorübung 1* beginnst du auf der „**1**" (*Downbeat*) und spielst die 4er-Gruppe dreimal mit einem Doppelschlag auf der Bass Drum als Abschluss.

Stick-Shot 2.1 (Vorübung 1 / Downbeat)

Bei *Vorübung 2* spielst du die exakt gleiche Figur um eine Achtel verschoben. Das Fill beginnt jetzt auf der „**1+**" (*Offbeat*).

Stick-Shot 2.2 (Vorübung 2 / Offbeat)

Kombiniere beide Vorübungen in einem *zweitaktigen* Fill. Dabei wechselt die Figur zwischen Downbeat und Offbeat.

Stick-Shot 2.3 (Zweitaktiges Fill) — CD 58

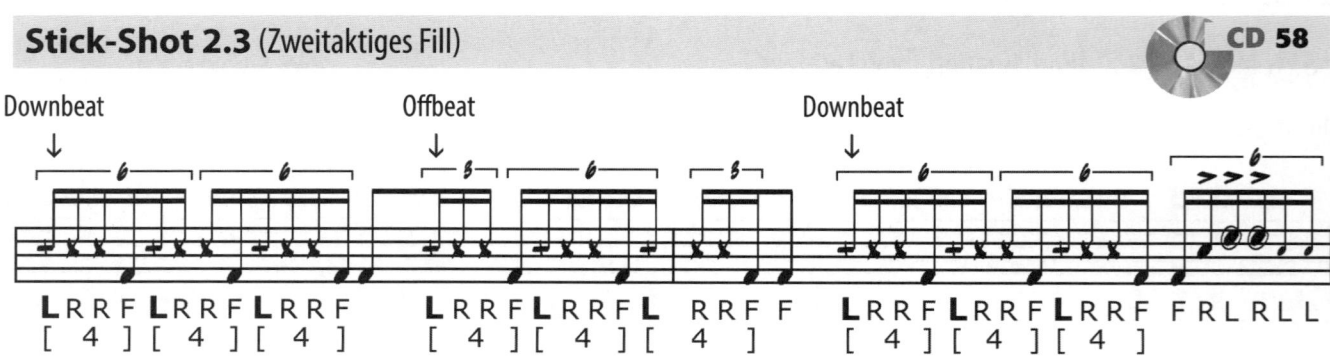

Das Ende des Fills (in Takt 2 auf der „**4**") kannst du beliebig gestalten.

Stick-Shot 3

Wir kommen nun zu einem Stick-Shot-Fill, das auf *3er-, 5er- & 7er-Gruppen in Sechzehntelnoten* basiert. Bei allen Gruppen beginnst du mit der linken Hand. Alle Schläge der rechten Hand werden auf dem Stick der linken gespielt.

Stick-Shot 3 (Ausgangsfiguren)

Diese drei Gruppen kombinierst du mithilfe von **Lesetext 9** (*3er-, 5er- & 7er-Gruppen in Sechzehntelnoten*). Hier zur Verdeutlichung **Kombination 1** dieses Lesetextes als Basis für das folgende Fill.

3		3		5				5				7				7				+2
1	e	+	d	2	e	+	d	3	e	+	d	4	e	+	d	1	e	+	d	2 e + d 3 e + d 4 e + d

In *Zeile 2* steht der zugrundeliegende Rhythmus.

Stick-Shot 3.1 (Kombination 1 von Lesetext 9)   CD 59

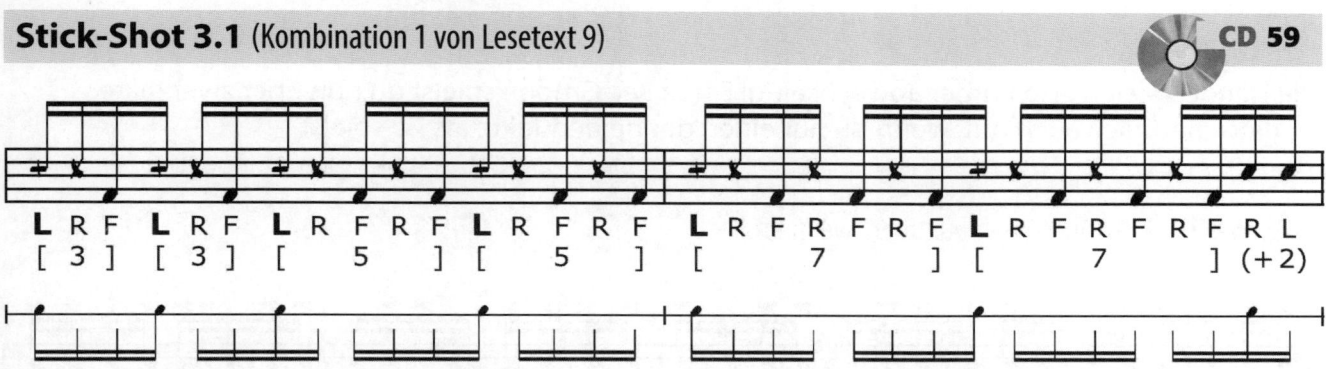

Lesetext 9 zeigt neun verschiedene Kombinationen zum Üben dieser Stick-Shot Anwendung.

Übeanleitung	
Starttempo:	**Viertel** = 70
Anzahl der Tempi:	3
Anzahl Durchgänge pro Tempo:	2 mal jedes Fill des Lesetextes
Form:	2 Takte Groove & 2 Takte Fill
Laut zählen:	Viertel und „Klick" / bei Bedarf Sechzehntel
Dauer der Übung:	ca. 15 Minuten

Wenn dir **Lesetext 9** zu schwer vorkommt, nimm zuerst **Lesetext 8** (*3er & 5er / 3er & 7er / 5er & 7er in Sechzehntelnoten*). Der ist leichter zu spielen, weil hier immer nur zwei der drei Gruppen kombiniert werden.

Wenn du diese 3er-, 5er- und 7er-Gruppen in Achteltriolen spielen möchtest, nimmst du zuerst **Lesetext 10** (*3er & 5er / 3er & 7er / 5er & 7er in Achteltriolen*), bei dem immer nur zwei der drei Gruppen kombiniert werden und anschließend **Lesetext 11** (*3er-, 5er- & 7er-Gruppen in Achteltriolen*).

Kapitel 12

Flam-Fills

Flams bestehen aus einem Vor- und einem Hauptschlag, die fast gleichzeitig gespielt werden. In Fills kann man damit einen sehr kompakten und kraftvollen Sound erzeugen.
Wenn ich Flams in Fills integriere, spiele ich den Vorschlag meistens mit rechts und beide Schläge fast gleich laut.

Flam-Fills 1

Eine meiner Lieblings-Flam-Figuren ist eine 3er-Gruppe, die in Sechzehntelnoten gespielt wird, und zwar zum Kennenlernen zuerst auf der Snare. Beachte die Akzente!

Flam-Fill 1 (Ausgangsfigur)

Die Hände spielen also immer abwechselnd! Diese 3er-Gruppe spielst du nun über zwei Takte. Es klingt natürlich auch gut, wenn du nur einen der beiden Takte als Fill spielst.

Flam-Fill 1.1 (Ausgangsfigur über zwei Takte)

Ändere jetzt die *Orchestrierung*. Den zweiten Schlag der 3er-Gruppe spielst du nun auf dem Ride-Becken zusammen mit der Bass-Drum.

Flam-Fill 1.2 (Ausgangsfigur mit Ride-Becken)

Kapitel 12 | Flam-Fills

Auch diese Orchestrierung der 3er-Gruppe spielst du nun über zwei Takte.

Flam-Fill 1.3 (Ride-Becken-Figur über zwei Takte)

Hier noch eine kleine Änderung der Orchestrierung: Du spielst den Vorschlag jetzt auf dem Floor Tom. Das Hinzunehmen des Toms ist übrigens auch der Grund, weshalb ich den Vorschlag mit rechts spiele: Wenn du den Flam auf Snare und Floor Tom aufteilst, klingt es einfach viel fetter, wenn das Tom vor der Snare kommt.

Flam-Fill 1.4 (Ausgangsfigur mit Ride-Becken und Floor Tom)

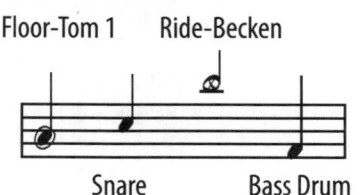

... und jetzt über zwei Takte.

Flam-Fill 1.5 (Ride-Becken mit Floor Tom über zwei Takte) — CD 60

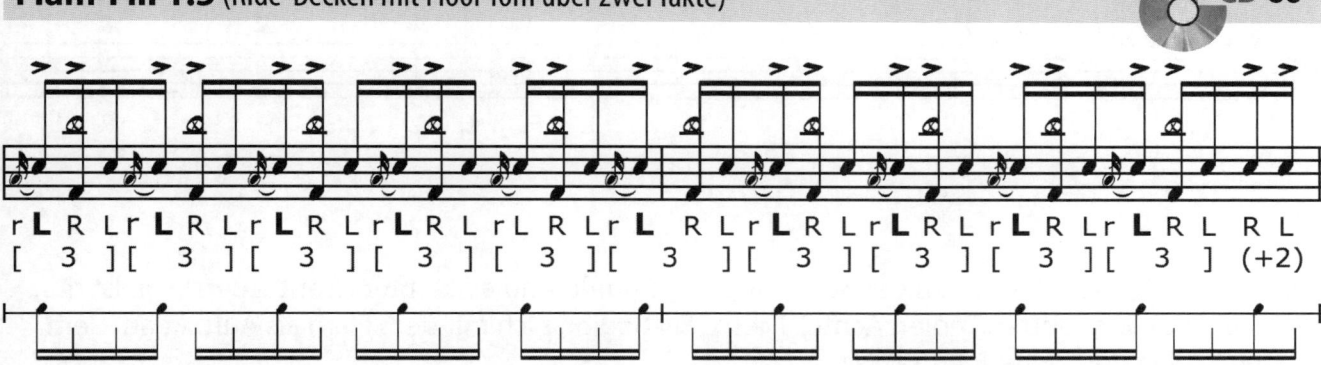

Übetipp:

Jetzt spielst du die gleiche Figur in Achteltriolen. Da sich die Subdivision deines Fills ändert, spielst du dieses Fill in Kombination mit einem Shuffle-Groove.

Musikalische Form:

Wenn du 3er-Gruppen in Achteltriolen spielst, ist der zugrundeliegende Rhythmus einfach (*Viertelnoten, siehe Zeile 2*). Das scheint erst einmal sehr schlicht, klingt aber als Fill sehr gut.

Flam-Fill 1.6 (3er-Gruppe in Achteltriolen)

Wenn Fills so prominent mit einem Akzent auf der Snare beginnen, spiele ich diese Fills oft erst ab der „2". So bekommst du einen fließenden Übergang zwischen Groove und Fill, denn der Groove hat ja auch Snare Akzente auf „2 und 4". Wenn dein Fill hingegen mit einem Snare Akzent auf der „1" beginnt, ist das ein ziemlicher Bruch (was nicht grundsätzlich schlecht ist). In Beispiel Flam-Fill 1.7 siehst du drei Takte Groove gefolgt von Flam-Fill 1.6, das aber nun auf der „2" startet.

Flam-Fill 1.7 (3er-Gruppe in Achteltriolen beginnend auf der „2") CD 61

Die anderen beiden Positionen der 3er-Gruppe im Shuffle sind auch interessant. Zuerst spielst du den Flam auf dem dritten Triolen Achtel. Dieses Fill beginne ich mit dem Flam als Auftakt auf dem letzten Schlag des vorherigen Taktes.

Flam-Fill 1.8 (3er-Gruppe in Achteltriolen / Position 2) CD 62

Kapitel 12 | Flam-Fills

Kommen wir nun zur letzten Position, bei der der Flam auf dem zweiten Triolenachtel gespielt wird. Da ich diesen Startpunkt als rhythmisch herausfordernder als die anderen beiden empfinde, kommt er zum Schluss.

Flam-Fill 1.9 (3er-Gruppe in Achteltriolen / Position 3)

CD 63

Flam-Fills 2 (Blushda)

Das nächste Flam-Fill trägt den Namen *Blushda* und lässt sich direkt aus dem ersten Flam-Fill dieses Kapitels (*Flam-Fill 1*) ableiten.

In *Zeile 1* steht *Flam-Fill 1* und in *Zeile 2* das *Blushda-Fill*. Es gibt zwei kleine Änderungen:

1. Der Schlag auf der *zweiten* Sechzehntelnote wird verdoppelt: Mit der *rechten Hand* spielst du statt einer Sechzehntelnote *zwei Zweiunddreißigstelnoten*.
2. Du betonst beide mit *links* gespielten Schläge.

Flam-Fill 2 (Ausgangsfiguren)

Beim Blushda ist die *linke Hand* sehr wichtig. Hier eine Vorübung, bei der du in Takt 1 nur die linke Hand und in Takt 2 das ganze Fill spielst (jeweils bis zur „**4**"). Die linke Hand spielt in *Zeile 1 und 2* exakt das Gleiche!

Flam-Fill 2.1 (Vorübung 1)

Dehne diese Vorübung auf zwei Takte aus. In *Takt 1 und 2* spielst du nur die *linke Hand* und in *Takt 3 und 4* den Blushda. Wieder gilt: Die *linke Hand* spielt in *Zeile 1* exakt das Gleiche wie in *Zeile 2*.

Flam-Fill 2.2 (Vorübung 2)

Sobald du den Blushda gut beherrschst, kannst du folgende zwei Orchestrierungen ausprobieren. Bei der ersten Orchestrierung spielst du den Vorschlag (**RH**) auf dem Floortom. Der Rest bleibt unverändert.

Flam-Fill 2.3 (Floor Tom als Vorschlag)

Flam-Fill 2.4 (Floor Tom als Vorschlag über zwei Takte)

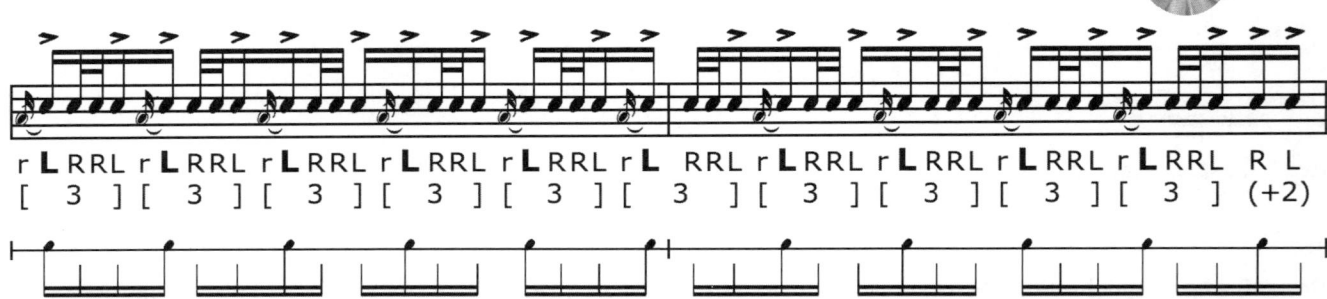

Eine weitere Orchestrierung: Den mit *Rechts* gespielten Vorschlag spielst du auf dem Ride-Becken zusammen mit der Bass-Drum.

Flam-Fill 2.5 (Ride-Becken mit BD als Vorschlag)

Auch diese Orchestrierung spielst du über zwei Takte. Für ein eintaktiges Fill spielst du nur entweder den ersten oder zweiten Takt. Das Sticking und der zugrundeliegende Rhythmus sind identisch mit Beispiel Flam-Fill 2.4.

Flam-Fill 2.6

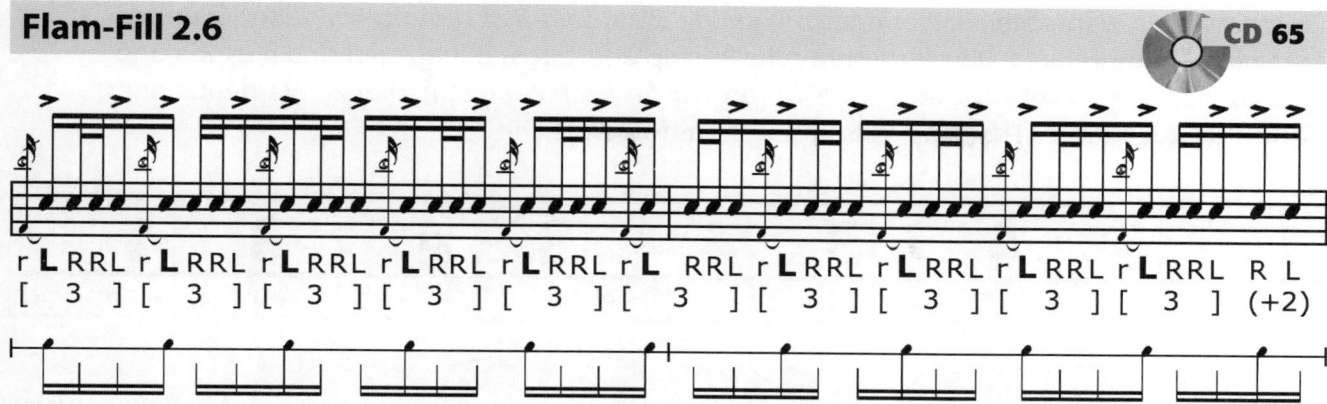

Flam-Fills 3 (Blushda als 4er-Gruppe)

Wir verlängern den Blushda um einen Schlag, um eine *4er-Gruppe* zu erzeugen. Der neue vierte Schlag ist ein weiterer Flam. Ich habe hier die Orchestrierung gewählt, bei der du den Vorschlag mit dem Floor Tom spielst. Du kannst das Fill aber natürlich auch nur auf der Snare spielen. Die Orchestrierung mit dem Ride-Becken (+BD) als Vorschlag würde ich erst zum Schluss üben.

Flam-Fill 3 (Ausgangsfigur: 4er-Gruppe)

Für ein eintaktiges Fill spielst du die 4er-Gruppe viermal.

Da die *linke Hand* so wichtig ist, hier eine Vorübung, bei der du in *Takt 1* nur die *linke Hand* und in *Takt 2* das *ganze* Fill spielst. Die linke Hand spielt in *Zeile 1 und 2* exakt das Gleiche!

Flam-Fill 3.1 (4er-Gruppe als eintaktiges Fill mit Vorübung)

Diese 4er-Gruppe kombinierst du jetzt mit der schon bekannten *3er-Gruppe*.

4er-Gruppe

3er-Gruppe

Du kannst dich wahrscheinlich erinnern: In *Kapitel 2* auf *Seite 39ff* hast du 4er- & 3er-Gruppen miteinander kombiniert. Dieses rhythmische Prinzip überträgst du jetzt auf den Blushda und zwar mithilfe von **Lesetext 2** (*4er- & 3er-Gruppen in Sechzehntelnoten*). Hier zur Verdeutlichung **Kombination 1** dieses Lesetextes als Basis für das folgende Fill:

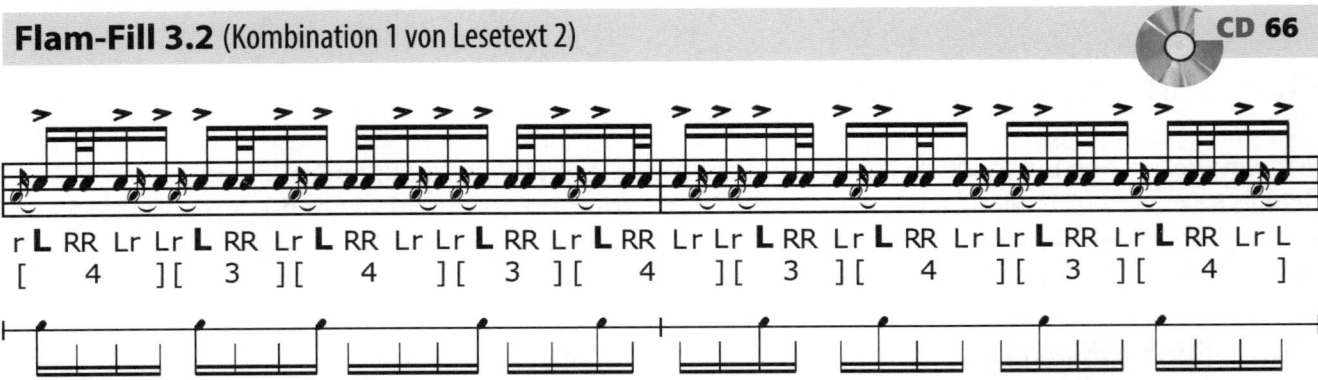

Lesetext 2 zeigt sieben weitere Kombinationen aus 4er- & 3er-Gruppen, die du üben solltest, wenn du dieses Thema vertiefen möchtest.

Übeanleitung	
Starttempo:	**Viertel** = 60
Anzahl der Tempi:	3
Anzahl Durchgänge pro Tempo:	2 mal jedes Fill des Lesetextes
Form:	2 Takte Groove & 2 Takte Fill
Laut zählen:	Viertel und „Klick" / bei Bedarf Sechzehntel
Dauer der Übung:	ca. 15 Minuten

Lesetext 3 (*4er- & 3er-Gruppen in Achteltriolen*) kannst du benutzen, wenn du die beiden Blushda Gruppen in Achteltriolen spielen möchtest.

Flam-Fills 4 (3er-, 5er- & 7er-Gruppen)

3er-, 5er- & 7er-Gruppen bilden die rhythmische Grundlage für die nächsten Flam-Fills.

Als 3er-Gruppe nehmen wir *Flam-Fill 1.2* auf *Seite 122*. Aus dieser 3er-Gruppe leiten sich die *5er- & 7er-Gruppen* wie folgt ab:

Um die 5er-Gruppe zu erzeugen, verlängerst du die 3er-Gruppe, indem du den zweiten und dritten Schlag wiederholst. Die ersten drei Schläge sind identisch (siehe Graumarkierung).

Flam-Fill 4.1 (Ausgangsfiguren: 3er- & 5er-Gruppen)

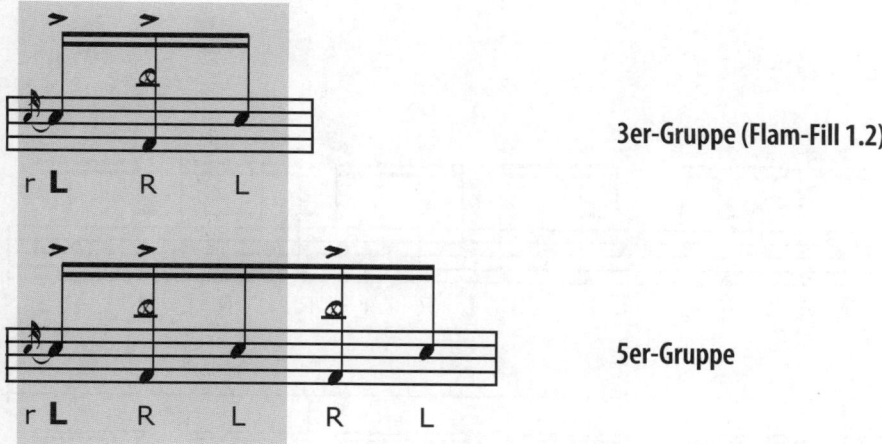

Um die 7er-Gruppe zu erzeugen, fügst du an die 5er-Gruppe dieselben zwei Schläge an. Hier sind die ersten fünf Schläge identisch (siehe Graumarkierung).

Flam-Fills 4.2 (Ausgangsfiguren: 5er- & 7er-Gruppen)

Hier die oben beschriebenen Gruppen in der Übersicht:

Flam-Fills 4.3 (Alle Ausgangsfiguren in der Übersicht)

3er-Gruppe

5er-Gruppe

7er-Gruppe

Diese drei Gruppen kombinierst du mithilfe von **Lesetext 9** (*3er-, 5er- & 7er-Gruppen in Sechzehntelnoten*). Hier zur Verdeutlichung **Kombination 1** dieses Lesetextes als Basis für das folgende Fill.

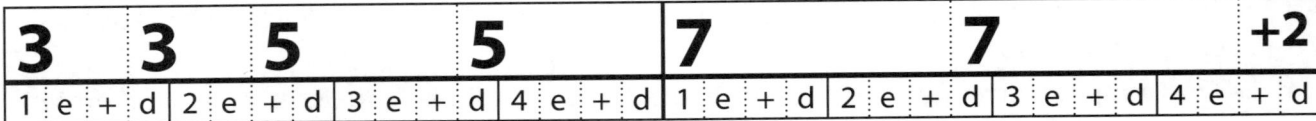

In *Zeile 2* steht der zugrundeliegende Rhythmus.

Flam-Fill 4.4 (Kombination 1 von Lesetext 9) — CD 67

Lesetext 9 zeigt neun verschiedene Kombinationen zum Üben dieser Flam-Fills.

Übeanleitung	
Starttempo:	**Viertel** = 70
Anzahl der Tempi:	3
Anzahl Durchgänge pro Tempo:	2 mal jedes Fill des Lesetextes
Form:	2 Takte Groove & 2 Takte Fill
Laut zählen:	Viertel und „Klick" / bei Bedarf Sechzehntel
Dauer der Übung:	ca. 15 Minuten

Wenn dir **Lesetext 9** zu schwer vorkommt, nimm zuerst **Lesetext 8** (*3er & 5er / 3er & 7er / 5er & 7er in Sechzehntelnoten*). Der ist leichter zu spielen, weil hier immer nur zwei der drei Gruppen kombiniert werden.

Wenn du diese *3er-, 5er- & 7er-Gruppen* in Achteltriolen spielen möchtest, nimmst du zuerst **Lesetext 10** (*3er & 5er / 3er & 7er / 5er & 7er in Achteltriolen*), bei dem immer nur zwei der drei Gruppen kombiniert werden und anschließend **Lesetext 11** (*3er-, 5er- & 7er-Gruppen in Achteltriolen*).

Anhang Snareübungen

Snareübungen mit 4er- & 2er-Gruppen in Sechzehntelnoten

Das Kombinieren von *4er- & 2er-Gruppen* ist ein rhythmisches Konzept, das du auf nahezu unendlich viele Arten anwenden kannst. Je besser du das Konzept beherrschst, desto leichter kannst du es auf andere Schlagabfolgen übertragen. Mit der folgenden Snareübung vertiefst du einerseits die rhythmische Grundidee und verbesserst andererseits deine Snaretechnik.
Die 4er-Gruppe für die Snare sieht so aus:

Snare 1 (Ausgangsfigur: 4er-Gruppe)

Hier die 2er-Gruppe (*beachte den Akzent*):

Snare 2 (Ausgangsfigur: 2er-Gruppe)

Diese Gruppen kombinierst du zu *zweitaktigen* Fills. Hier zur Verdeutlichung zwei Beispiele.
In **Snareübung 1** spielst du immer abwechselnd 4er- & 2er-Gruppen. Dadurch wechselt die 4er-Gruppe immer zwischen Downbeat und Offbeat.

Snareübung 1

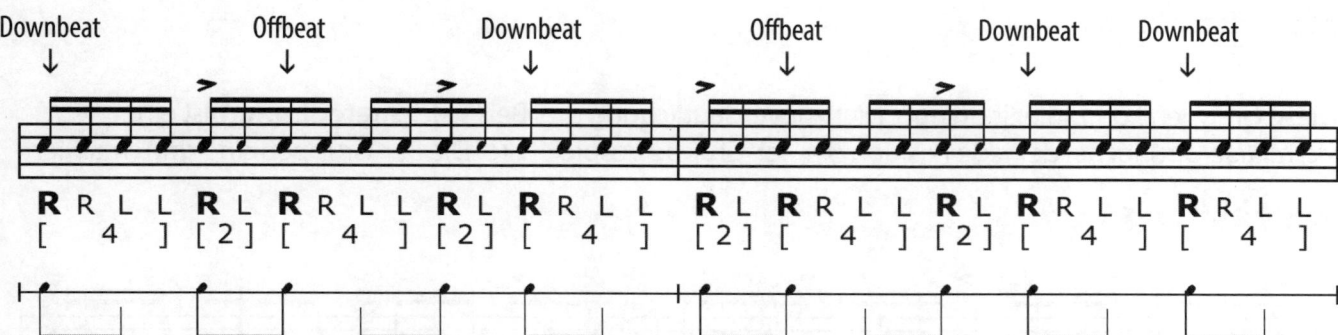

In **Snareübung 2** spielst du abwechselnd *4er- & 2er-Gruppen*, beginnst aber hier mit der *2er-Gruppe*.

Snareübung 2

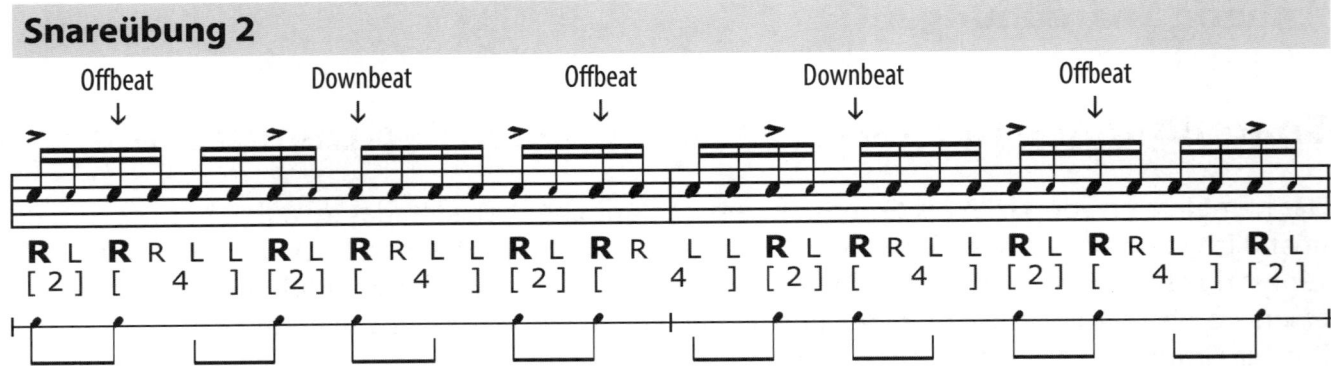

Natürlich solltest du hier mehr als die oben stehenden Kombinationen üben. Nimm dazu **Lesetext 1** (*4er- & 2er-Gruppen in Sechzehntelnoten*) mit *neun zweitaktigen* Kombinationen aus 4er- & 2er-Gruppen.

Übeanleitung	
Starttempo:	**Viertel** = 70
Anzahl der Tempi:	3
Anzahl Durchgänge pro Tempo:	2 mal jedes Fill des Lesetextes
Laut zählen:	Viertel und „Klick" / bei Bedarf Sechzehntel
Dauer der Übung:	ca. 15 Minuten

Snareübungen mit 4er- & 3er-Gruppen in Sechzehntelnoten

Auch das Kombinieren von *4er- & 3er-Gruppen* ist als rhythmisches Konzept universell anwendbar. Mit folgender Snareübung wirst du die rhythmische Grundidee verinnerlichen. Als 4er-Gruppe spielst du **R L L R**, wobei der erste Schlag akzentuiert ist.

Snare 1 (Ausgangsfigur: 4er-Gruppe)

Als 3er-Gruppe spielst du **R L L**, wobei die rechte Hand akzentuiert ist.

Snare 2 (Ausgangsfigur: 3er-Gruppe)

Diese Gruppen kombinierst du nun. Hier zur Verdeutlichung drei Beispiele. **Snareübung 1** ist eine *viertaktige* Übung, bei der jede Position der 4er-Gruppe gespielt wird. Die 3er-Gruppen sind **grau** markiert.

Snareübung 1

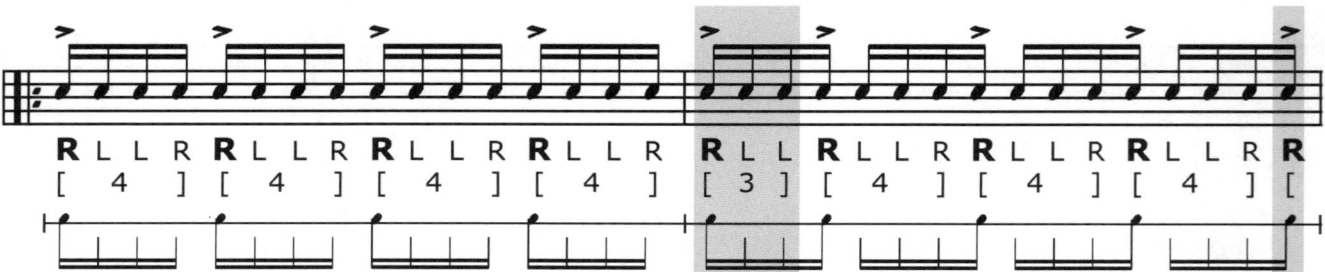

Anhang | Snareübungen

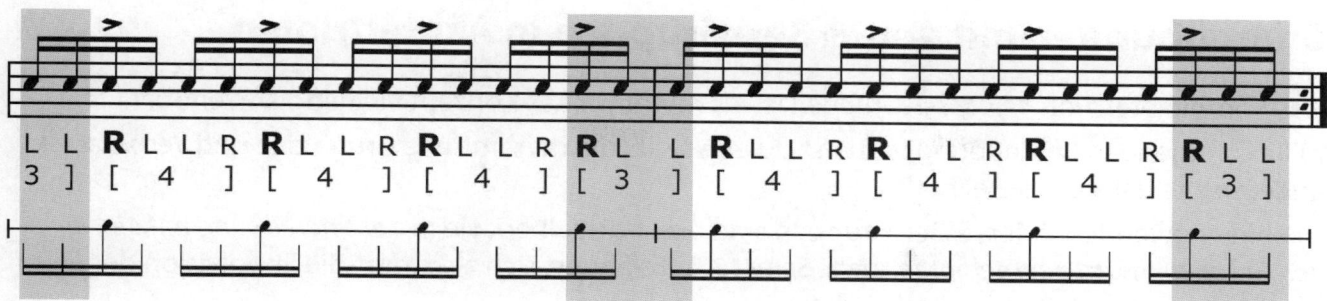

In **Snareübung 2** spielst du abwechselnd 4er- & 3er-Gruppen. Du beginnst mit der 4er-Gruppe.

Snareübung 2

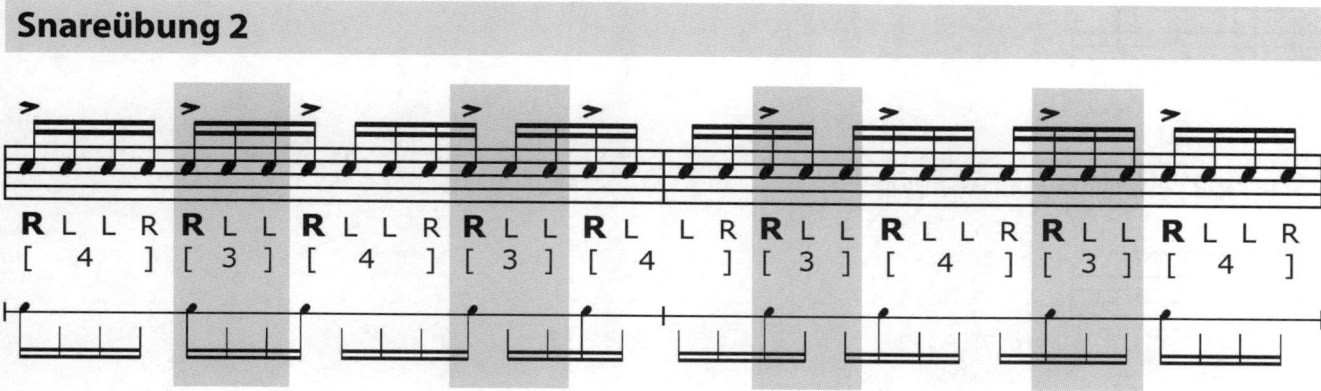

In **Snareübung 3** spielst du wieder abwechselnd *4er- & 3er-Gruppen*, beginnst aber mit der 3er-Gruppe.

Snareübung 3

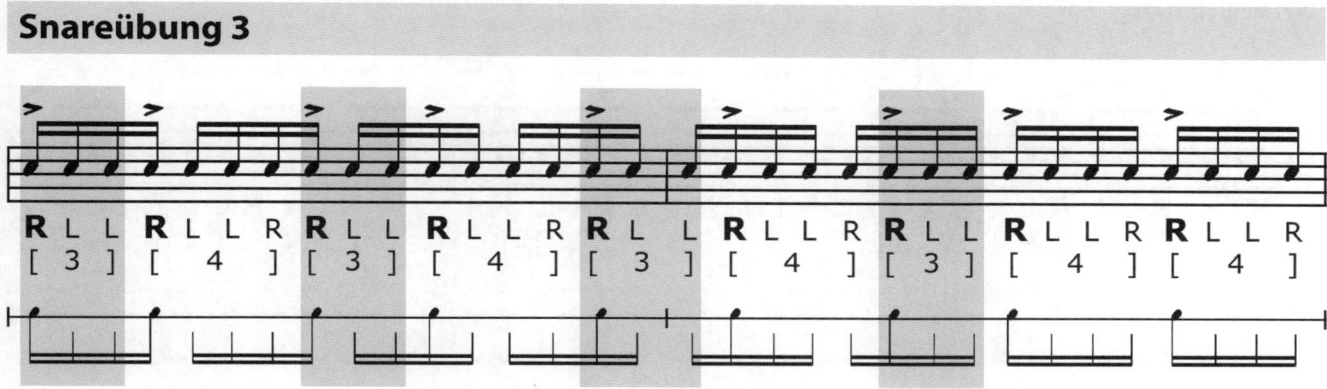

Lesetext 2 (*4er- & 3er-Gruppen in Sechzehntelnoten*) zeigt *acht* verschiedene *zweitaktige* Kombinationen aus 4er- & 3er-Gruppen, die du als rhythmische Grundlage für weitere Snareübungen nehmen solltest.

Übeanleitung	
Starttempo:	**Viertel** = 70
Anzahl der Tempi:	3
Anzahl Durchgänge pro Tempo:	2 mal jedes Fill des Lesetextes
Laut zählen:	Viertel und „Klick" / bei Bedarf Sechzehntel
Dauer der Übung:	ca. 15 Minuten

Snareübungen mit 4er- & 3er-Gruppen in Achteltriolen

Das Kombinieren von *4er- & 3er-Gruppen* ist als rhythmisches Konzept vielfältig anwendbar.

Mit der folgenden Snareübung vertiefst du einerseits die rhythmische Grundidee und verbesserst andererseits deine Snaretechnik.

Die hier verwendeten 4er- & 3er-Gruppen sind exakt dieselben wie in der *Snareübung mit 4er- & 3er-Gruppen in Sechzehntelnoten* (siehe Seite 132). Es ändert sich also „nur" die Subdivision des Fills von Sechzehntelnoten zu Achteltriolen.

Snare 1 (Ausgangsfigur: 4er-Gruppe)

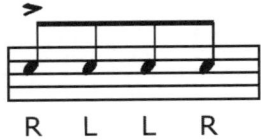

Snare 2 (Ausgangsfigur: 3er-Gruppe)

Diese Gruppen kombinierst du nun. Hier zur Verdeutlichung drei Beispiele.
Beispiel **Snareübung 1** ist eine dreitaktige Übung, bei der alle Positionen der 3er-Gruppe gespielt werden. Die 4er-Gruppen sind **grau** markiert. Die rhythmische Grundstruktur siehst du in der *2. Zeile*.

Snareübung 1

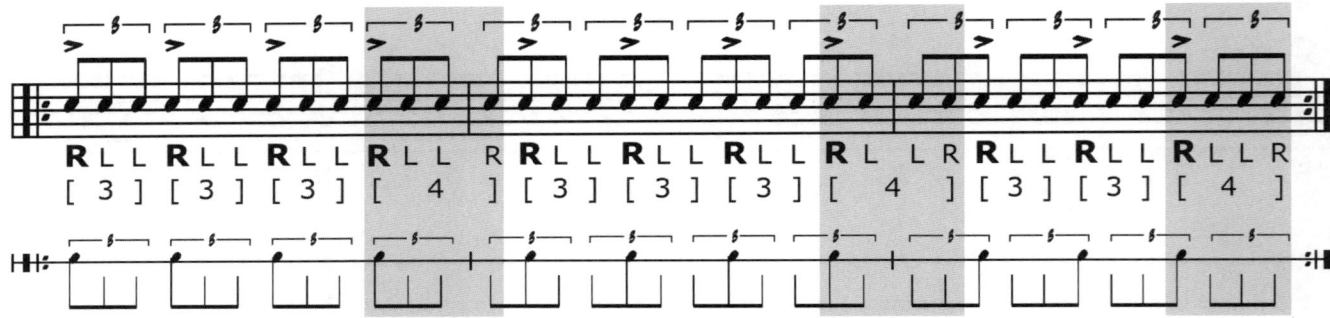

In Beispiel **Snareübung 2** spielst du abwechselnd 4er- & 3er-Gruppen. Du beginnst mit der 4er-Gruppe.

Snareübung 2

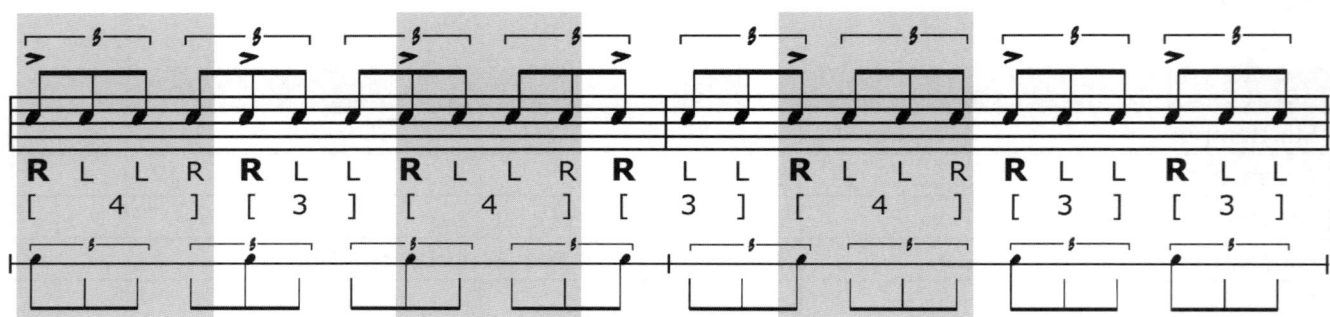

Anhang | Snareübungen

In **Snareübung 3** spielst du wieder abwechselnd *4er- & 3er-Gruppen*, beginnst aber mit der 3er-Gruppe.

Snareübung 3

[Notation: abwechselnde 3er- und 4er-Gruppen in Achteltriolen]

R L L | R L L R | R L L | R L L R | R L L | L R | R L L R | R L L
[3] | [4] | [3] | [4] | [3] | [4] | [4] | [3]

Natürlich solltest du auch bei diesen Snareübungen mehr als die oben stehenden Kombinationen üben. Nimm dazu **Lesetext 3** (*4er- & 3er-Gruppen in Achteltriolen*).

Übeanleitung	
Starttempo:	**Viertel** = 91
Anzahl der Tempi:	4
Anzahl Durchgänge pro Tempo:	2 mal jedes Fill des Lesetextes
Laut zählen:	Viertel und „Klick" / bei Bedarf Achteltriolen
Dauer der Übung:	ca. 15 Minuten

Snareübungen mit 6er- & 3er-Gruppen in Sechzehnteltriolen

Du kennst es schon: Auch das Kombinieren von *6er- & 3er-Gruppen* ist als rhythmisches Konzept universell einsetzbar. Um die rhythmische Grundidee weiter zu vertiefen, übertragen wir das Prinzip nun auf eine Snareübung.

Die 6er-Gruppe für die Snare ist ein Paradiddle-Diddle mit Akzent auf dem ersten Schlag:

Snare 1 (Ausgangsfigur: 6er-Gruppe)

R L R R L L

Hier die 3er-Gruppe ebenfalls mit Akzent auf dem ersten Schlag:

Snare 2 (Ausgangsfigur: 3er-Gruppe)

R L L

Diese Gruppen kombinierst du zu zweitaktigen Fills. Hier zur Verdeutlichung zwei Beispiele.

In **Snareübung 1** spielst du in Takt 1 nur 6er-Gruppen. In Takt 2 spielst du am Anfang einmal die 3er-Gruppe, wodurch die 6er-Gruppe danach auf den Offbeat wechsel.

Snareübung 1

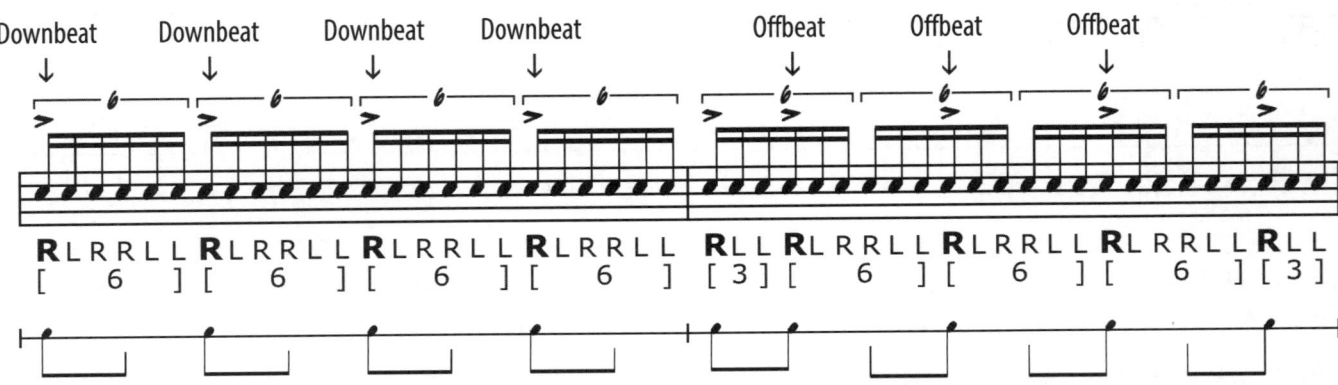

In **Snareübung 2** spielst du immer abwechselnd 6er- & 3er-Gruppen. Dadurch wechselt die 6er-Gruppe immer zwischen Downbeat und Offbeat. Die 3er-Gruppe ist grau markiert.

Snareübung 2

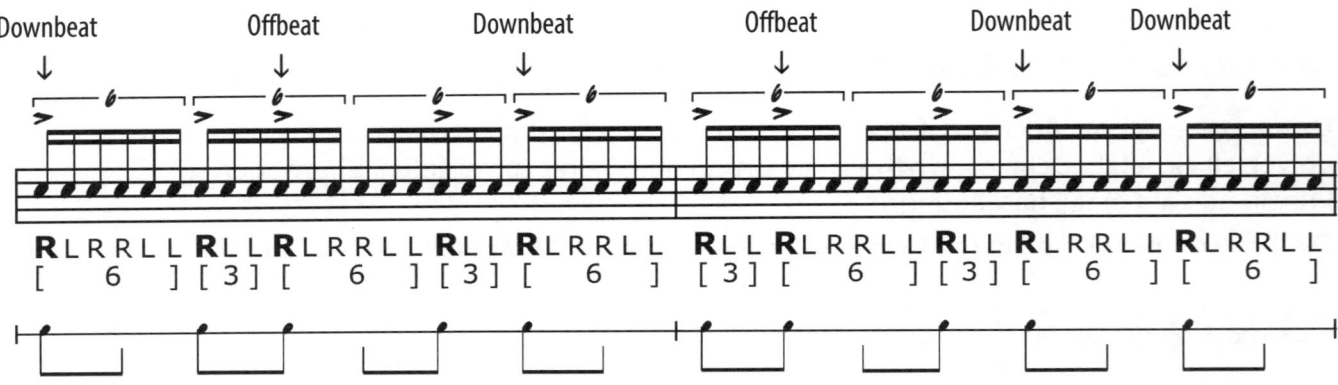

Im **Lesetext 4** (*6er- & 3er-Gruppen in Sechzehnteltriolen*) findest du *neun* verschiedene *zweitaktige* Kombinationen aus 6er- & 3er-Gruppen, die du zum Üben der oben beschriebenen Snareübungen benutzen kannst (und solltest).

Übeanleitung	
Starttempo:	**Viertel** = 60
Anzahl der Tempi:	3
Anzahl Durchgänge pro Tempo:	2 mal jedes Fill des Lesetextes
Laut zählen:	Viertel und „Klick" / bei Bedarf Achtel
Dauer der Übung:	ca. 15 Minuten

Snareübungen mit 6er- & 4er-Gruppen in Sechzehnteltriolen

Natürlich kannst du auch das Kombinieren von *6er- & 4er-Gruppen* als rhythmisches Konzept auf unzählige Arten anwenden. Um es auf andere Schlagabfolgen zu übertragen, musst du es sehr gut beherrschen. Folgende Snareübung führt dazu, dass das Konzept schnell selbstverständlich für dich wird.

Die 6er-Gruppe für die Snare ist ein Paradiddle-Diddle und sieht so aus:

Snare 1 (Ausgangsfigur: 6er-Gruppe)

Hier die 4er-Gruppe:

Snare 2 (Ausgangsfigur: 4er-Gruppe)

Diese Gruppen kombinierst du zu *zweitaktigen* Fills. Hier zur Verdeutlichung zwei Beispiele. Du spielst bei dieser Übung zwar Sechzehnteltriolen, die zugrundeliegende Rhythmik aber sind **Achteltriolen**. Um also diese Snareübung richtig zu hören, musst du Achteltriolen zählen.

In **Snareübung 1** mischst du *6er- & 4er-Gruppen*.

Snareübung 1

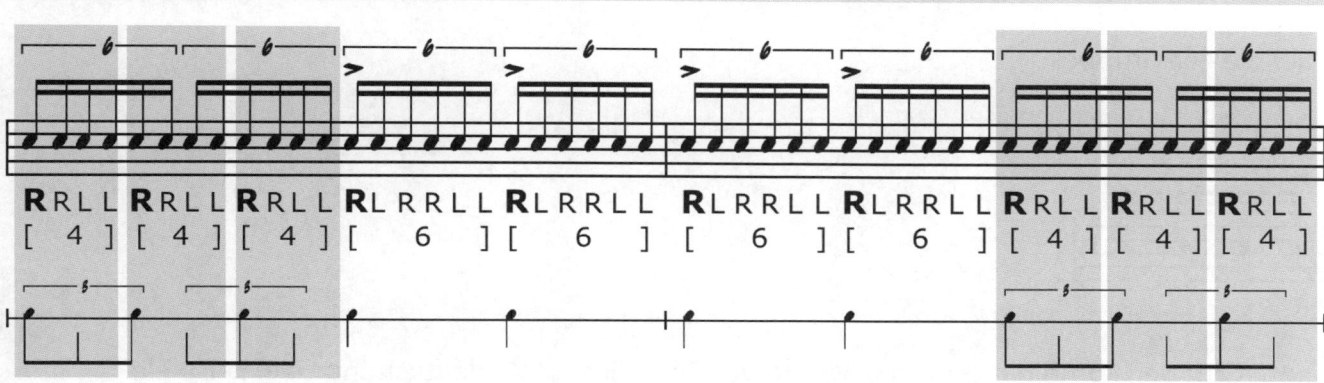

In **Snareübung 2** spielst du abwechselnd 6er- & 4er-Gruppen. Du beginnst mit der 4er-Gruppe.

Snareübung 2

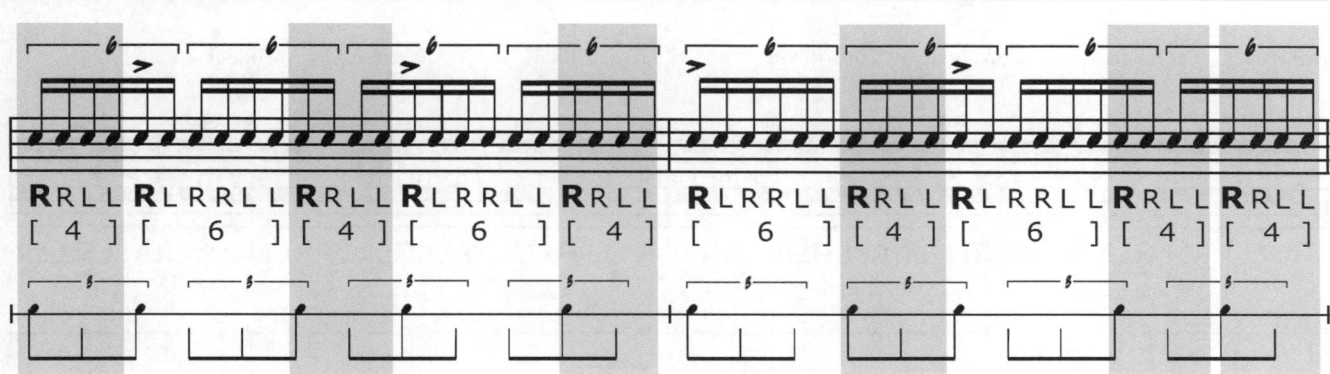

Natürlich solltest du auch bei diesen Snareübungen mehr als die oben stehenden Kombinationen üben. Nimm dazu **Lesetext 5** (*6er- & 4er-Gruppen in Sechzehnteltriolen*). Dort findest du acht verschiedene zweitaktige Kombinationen aus 6er- & 4er-Gruppen.

Übeanleitung	
Starttempo:	**Viertel** = 60
Anzahl der Tempi:	3
Anzahl Durchgänge pro Tempo:	2 mal jedes Fill des Lesetextes
Laut zählen:	Viertel und „Klick" / bei Bedarf Achteltriolen
Dauer der Übung:	ca. 15 Minuten

Snareübungen mit 8er- & 4er-Gruppen in Zweiunddreißigstelnoten

Auch das Kombinieren von *8er- & 4er-Gruppen* lässt sich wunderbar auf eine Snareübung übertragen. So verbesserst du deine Snaretechnik, vertiefst die zugrundeliegende Idee und kannst das Konzept leichter auf andere Schlagabfolgen übertragen.

Die 8er-Gruppe für die Snare sieht so aus:

Snare 1 (Ausgangsfigur: 8er-Gruppe)

Hier die 4er-Gruppe:

Snare 2 (Ausgangsfigur: 4er-Gruppe)

Diese Gruppen kombinierst du zu *zweitaktigen* Fills. Hier zur Verdeutlichung zwei Beispiele.
In **Snareübung 1** spielst du in Takt 1 nur 8er-Gruppen. In Takt 2 spielst du am Anfang einmal die 4er-Gruppe, wodurch die 8er-Gruppe danach auf den Offbeat wechselt.

Snareübung 1

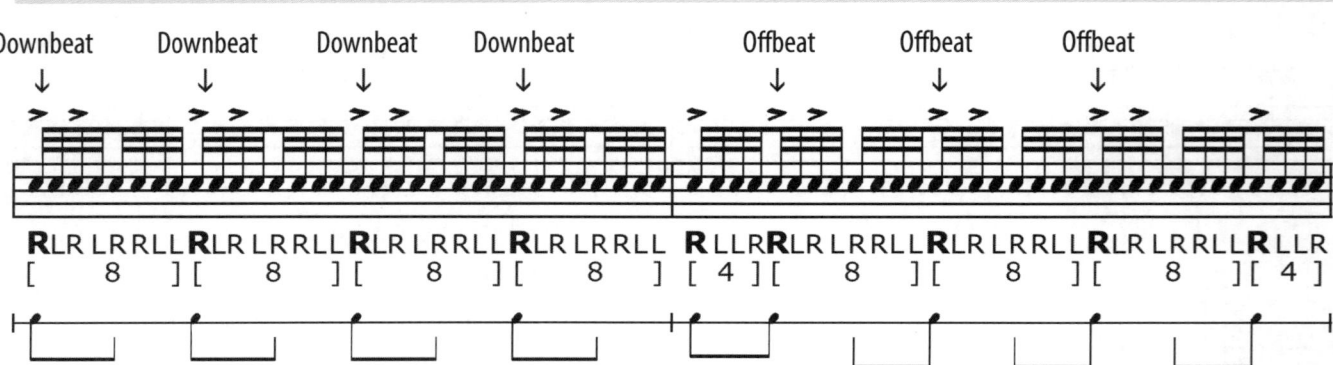

Anhang | Snareübungen

In **Snareübung 2** spielst du abwechselnd 8er- & 4er-Gruppen. Dadurch wechselt die 8er-Gruppe immer zwischen Downbeat und Offbeat.

Snareübung 2

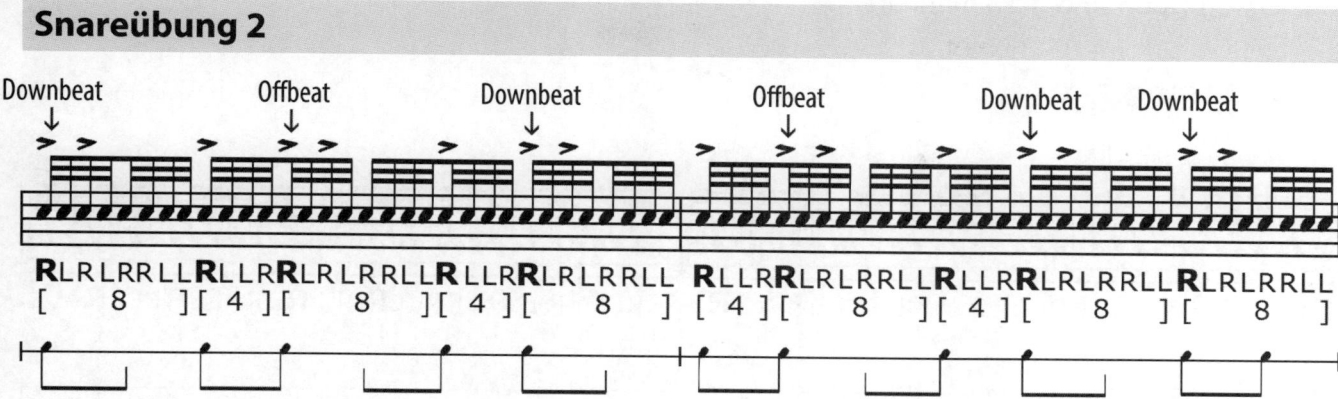

Natürlich solltest du auch bei diesen Snareübungen mehr als die oben stehenden Kombinationen üben. Nimm dazu **Lesetext 6** (*8er- & 4er-Gruppen in Zweiunddreißigstelnoten*).
Hier findest du *neun* verschiedene *zweitaktige* Kombinationen aus 8er- & 4er-Gruppen.

Übeanleitung	
Starttempo:	**Achtel** =100
Anzahl der Tempi:	3
Anzahl Durchgänge pro Tempo:	2 mal jedes Fill des Lesetextes
Laut zählen:	Viertel und „Klick" / bei Bedarf Achtel
Dauer der Übung:	ca. 15 Minuten

Snareübungen mit 6er- & 4er-Gruppen in Zweiunddreißigstelnoten

Um die rhythmische Grundidee der *6er- & 4er-Gruppen* in Zweiunddreißigstelnoten weiter zu vertiefen, übertragen wir das Prinzip nun auch auf eine Snareübung.

Die hier verwendeten 6er- & 4er-Gruppen sind exakt dieselben wie die aus der *Snareübung mit 6er- & 4er-Gruppen in Sechzehnteltriolen* (*siehe Seite 137*). Es ändert sich also „nur" die Subdivision des Fills von Sechzehnteltriolen zu Zweiunddreißigstelnoten.

Die 6er-Gruppe für die Snare ist ein *Paradiddle-Diddle* und sieht so aus:

Snare 1 (Ausgangsfigur: 6er-Gruppe)

Hier die 4er-Gruppe:

Snare 2 (Ausgangsfigur: 4er-Gruppe)

Diese Gruppen kombinierst du zu *zweitaktigen* Fills. Hier zur Verdeutlichung zwei Beispiele.
In **Snareübung 1** spielst du immer abwechselnd 6er- & 4er-Gruppen.
Die 4er-Gruppen sind grau markiert.

Snareübung 1

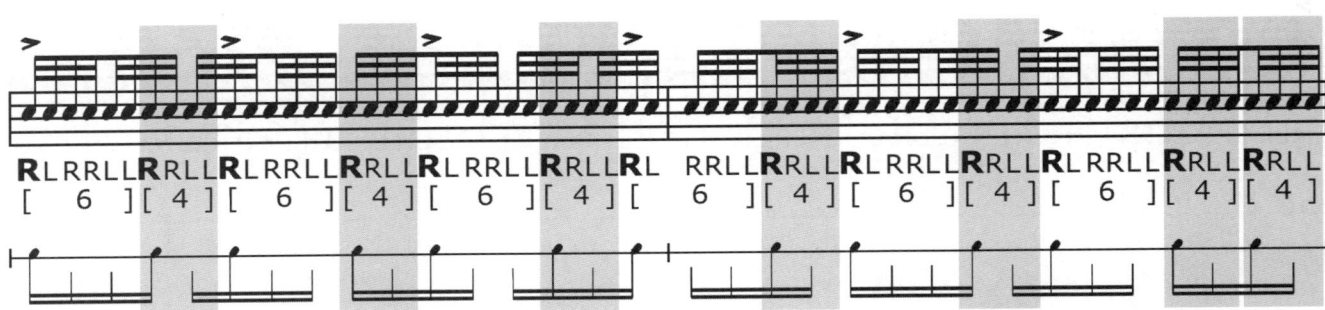

In **Snareübung 2** spielst du wieder abwechselnd 6er- & 4er-Gruppen, beginnst aber hier mit der 4er-Gruppe.

Snareübung 2

Zum Weiterüben nimm **Lesetext 7** (*6er- & 4er-Gruppen in Zweiunddreißigstelnoten*).
Hier findest du *acht* verschiedene *zweitaktige* Kombinationen aus 6er- & 4er-Gruppen, die dir als rhythmische Grundlage für weitere Snareübungen dienen.

Übeanleitung	
Starttempo:	**Achtel** =100
Anzahl der Tempi:	3
Anzahl Durchgänge pro Tempo:	2 mal jedes Fill des Lesetextes
Laut zählen:	Viertel und „Klick" / bei Bedarf Sechzehntel
Dauer der Übung:	ca. 15 Minuten

Anhang | Snareübungen

Foto © Drumeo

Photo © Ingo Baron

Foto © Mareike Nickel

Weitere Buchempfehlungen

Weitere Standardwerke für Drummer!

DAILY DRUMSET WORKOUT
von Claus Hessler
Buch & CD | 224 Seiten
ISBN-13: 978-3-933136-85-5

DIE KUNST DES BESENSPIELS
von Florian Alexandru-Zorn
Buch & DVD | 148 Seiten
ISBN-13: 978-3-933136-59-6

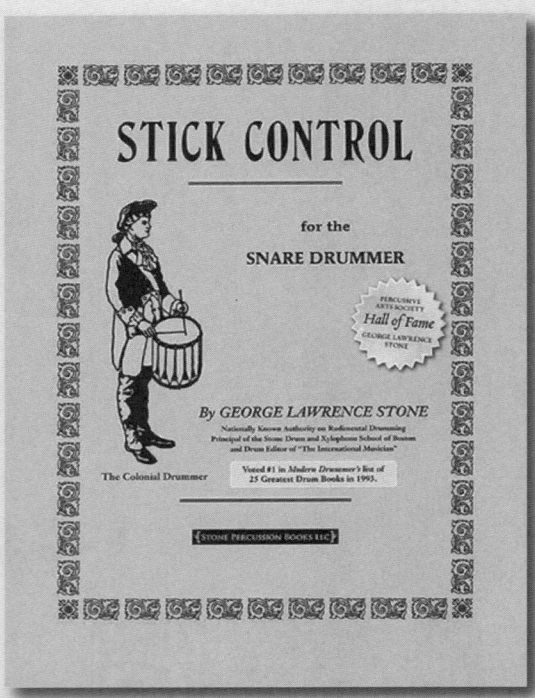

STICK CONTROL
for the Snare Drummer
von George Lawrence Stone
Buch | 48 Seiten
ISBN-13: 978-1-892764-04-1

Progressive Steps to
SYNCOPATION
for the Modern Drummer
von Ted Reed
Buch | 64 Seiten
ISBN-13: 978-0-88284-795-5

alfredmusic.de